부자의 생각을 훔쳐라

부자의
생각을
훔쳐라

나폴레온 힐 지음 | 전성일 옮김

미래북
miraebook

들어가는
말

✖ 내가 이 책을 쓰기로 마음먹은 때는 19세기의 마지막 해였다. 그러니까 이 책이 세상의 빛을 보기까지 준비하는 데만 무려 20년의 세월이 걸린 셈이다.

그동안 나는 문명사상 발생된 모든 것을 합친 것보다 더 중요한 변화를 목격해왔다. 자동차, 항공기, 라디오, 텔레비전, 원자력, 우주시대 등의 등장을 보아왔고, 전국 방방곡곡에 보급된 전기, 19세기의 꿈을 훨씬 뛰어넘는 수준의 산업, 경이적으로 발전한 과학기술 들을 체험했다.

나는 또한 이때까지 번영했던 나라들이 그 빛을 잃고 새로운 나라가 세계의 중심으로 발돋움하는 것을 지켜보았다. 정글 속에 포장도로가 뻗어나가고 사람들의 발길이 뜸했던 곳에 도시가 세워지는 것도 보았으며, 사람들이 이러한 급격한 변화에 발빠르게 적응하며 살아가는 모습도 보아왔다.

이제 당신은 이 책이 그러한 세계를 충분히 감안하고서 쓴 책임을 알았을 것이다.

인간에 대해 이야기할 때 나는 인간을 항상 움직여온 힘, 그리고 앞으로도 끊임없이 인간을 움직일 힘을 언급한다. 왜냐하면 그 힘이야말로 시대를 초월한 가장 보편적인 힘이기 때문이다.

 사람들은 충분한 돈이 없이는 생활해나갈 수 없다고 생각한다. 돈이 없으면 많은 부분에서 제약을 받기 때문에 경제적으로 성공하고 싶어하는 것이다. 그리고 경제적인 성공을 얻음과 더불어 공포나 스트레스, 질병, 걱정, 불행 등으로부터 해방되기를 원한다. 말하자면 경제적인 성공과 더불어 심적 평안을 구하는 것으로, 이 두 가지를 갖추어야만 비로소 인생이 완전해진다고 믿는다.

그렇다. 그것은 '사실'이다. 단언하건대, 그것이야말로 완전한 성공이다.

그런 점에서 이 책은 당신에게 부를 얻는 노하우를 제공하는 한편 마음의 평안을 얻도록 도와줄 것이다. 어쩌면 당신이 이미 짐작했겠지만,

내가 마음의 평안이라고 말하는 의미는 단순한 마음의 안정 상태가 아닌 그 이상을 가리킨다. 이 책을 읽음으로써 당신은 다음과 같은 '마음의 평안'을 찾을 수 있을 것이다.

▶ 마음을 지배하고 있는 부정적 힘이나 걱정, 열등감 같은 좋지 못한 태도로부터의 해방

▶ 부정한 욕망으로부터의 해방

▶ 인생을 만성적으로 침식해 들어가는 정신적·육체적 질환으로부터의 해방

▶ 모든 공포로부터의 해방. 특히 우리들을 위협하고 있는 일곱 가지의 기본적인 공포로부터의 해방

▶ 의미 없이 무엇인가를 바라는 인간의 공통적인 약점에서 벗어나는 해방. 일하는 기쁨과 목표 실현의 기쁨을 누리는 것

▶ 진정한 자기 자신으로서 존재하는 일과 스스로 생각한 것을 실천하는 습관의 형성

▶ 인생과 주위 사람에 대한 자신의 태도를 검토하여 그것을 올바른 방향으로 이끄는 습관의 형성

▶ 타인의 정신적 자립을 도와주는 습관의 형성

▶ '내가 죽은 다음에 어떻게 될까?' 하는 걱정으로부터의 해방

▶ 모든 인간관계를 긍정적으로 이끄는 습관의 형성

▶ 일을 추진함에 있어 닥쳐올 장애에 대한 생각을 하기보다, 자신이 하고 싶은 일에 대해 긍정적으로 사고하는 습관의 형성

▶ 사소한 불행이 닥치더라도 웃어넘기면서 불행을 행운으로 전환시키는 습관의 형성

▶ 받으려 하기보다 먼저 베푸는 습관의 형성

살펴본 바와 같이 마음의 평안은 대단히 광범위하게 적용된다는 것을 알 수 있다. 이 노하우를 언제 어디서나 적용해보라. 금전적인 성공만이 아니라 그 이상을 얻는 데 도움이 될 것이다.

마음의 평안에 관한 이 방법은 자신이 뜻한 바대로 삶을 살게 해주며 자기가 선택한 가치 속에서 마음껏 살 수 있게 해주는 도구가 되기도 한다. 이처럼 마음의 평안을 얻음으로써 당신의 인생은 날이 갈수록 풍요로워지며 아름답게 변할 것이다.

 ✸✸✸✸ 이 책은 시행착오를 거듭하며 아주 힘들게 마음의 평안을 찾아낸 사람이 쓴 책이다. 그렇기 때문에 단기간에, 훨씬 수월한 방법으로 부를 쌓고 동시에 당신의 마음을 평안하게 만들어주는 데 이 책의 목적이 있다 하겠다. 만일 이 책 속의 에피소드가 자기와는 무관하다고 생각되더라도, 그 에피소드 속에

들어 있는 진리나 교훈은 반드시 당신의 앞날에 큰 도움을 주리라고 확신한다.

나의 경험이지만, 그중에서 당신 자신의 경험을 찾을 수도 있을 것이다. 그리고 아무리 사소한 경험이라도 그 속에 성공과 실패가 교차되는 요소가 숨어 있음을 알아두기 바란다. 그러한 경험은 당신에게도 주어질 비슷한 체험이며, 그에 따라서 당신의 삶의 주체는 다름 아닌 당신 자신이라는 것, 배를 앞으로 나아가게 하는 키를 잡은 사람은 당신 자신이라는 사실을 마음속으로 깨닫는 기회가 될 것이다.

환자에게 약을 처방해주면서 의사 자신이 그 약효를 전혀 믿지 않는다면, 누가 그 엉터리 약을 먹으려고 하겠는가? 그러나 이 책이 처방을 내린 '약'은 그런 엉터리가 아니다. 여기서 말하는 '약'이란 나 자신과 그 밖의 무수한 사람들에게 엄청난 효험을 보여주었던 '특효약'이다.

나는 좋은 조건에서 일한 덕분에, 미국에서 가장 훌륭하게 성공한 507명으로부터 성공을 부르는 프로그램의 확립을 위한 도움을 얻을 수가 있었다. 그들은 자신들의 사생활이라는 울타리 안쪽으로 나를 받아들여주기를 서슴지 않았다. 또한 스스로의 눈으로 자신들의 뛰어난 자질과 약점, 성공과 실패, 또는 스스로 구축해낸 부를 활용하여 즐긴 일과 그렇지 못한 일을 알아낼 수 있었다. 그리고 모든 요인이 그들이 이룩한 마음의 평안과 어떤 관계가 있는가 하는 점도 보여주었다.

도저히 헤어나지 못할 것 같았던 빈곤에서 벗어나 거부가 된 사람, 불행한 유년기를 벗어나 행복을 찾은 사람, 자신을 억누르던 환경을 박차고 행복한 삶을 사는 사람들. 이들은 모두 자신들의 실천적인 행동과 상승작용을 한 몇 가지의 '비결'로써 결과를 얻어냈다.

내가 직접 인터뷰하며 연구한 것을 기본으로 삼아 체계화한 이 책은 '성공 프로그램'의 지침서로 간주해도 괜찮을 것이다. 그렇다고 해서 이 책이 독자적인 위치를 갖지 못한다는 말은 아니다. 여기에 나오는 많은 에피소드는 대부분 이 책에서만 얻을 수 있는 값진 보배다. 당신이 마음먹기에 따라, 또한 이 책을 어떻게 활용하는가에 따라 경제적 성공과 마음의 평안이 당신 것이 될 수 있으리라고 약속한다.

그리고 내가 성공을 부르는 프로그램 개발에 착수한 것은 나 자신이 다섯 가지의 좋지 못한 운명을 극복한 다음이었음을 말해두고 싶다. 다섯 가지란 바로 가난, 무교양, 무지, 절망, 공포 들이다.

나는 어렸을 적에 끼니를 거르는 일이 많았다. 심지어는 나무껍질을 벗겨 먹은 일도 있었다. 열 살이 넘어서까지 나는 항상 배가 고팠다. 그러나 나 자신은 어린 시절의 그 불행한 조건을 모두 오래전에 극복해냈다. 여기서 내가 '나는 지금도 배가 고프다!'라고 하는 것은 위를 채울 음식물이 부족하다는 의미가 아니다. 우리에게 필요한 것은 몇 알의 곡식이 아니라 마음의 양식이다. 아무리 구해도 모자랄, 마음을 위한 양식이 필요한 것이다.

마음이 편안하고 행복하게 사는 사람이 있는가 하면 갈등에 시달리는 사람도 있으니, 이것은 무엇 때문일까? 연구자로서 또한 실천자로서 더욱더 깊이 알고 싶을 뿐이다.

 ✖✖✖✖✖ '부를 얻는 일'과 '성공적인 삶을 사는 비결'을 발견하는 데 결정적인 영향을 미친 사람은 세계적인 대부호이며 강철왕이라고 불리는 앤드류 카네기였다. 이후 나는 세 명의 미국 대통령, 즉 윌리엄 하워드 태프트, 우드로 윌슨, 프랭클린 D.루스벨트의 보좌관으로 임명되어 일했고, 어떤 시기에는 필리핀 초대 대통령인 케손 씨와 손을 맞잡고 국민의 자유를 확보하는 일에도 참가했다.

한편 나는 보다 더 높은 명성을 얻고 싶은 욕망에 사로잡힌 때도 있었다. 나는 그러한 명성을 갈망하며, 마음속에 그리고 손에 넣으려고 끊임없이 일했다. 목표 실현의 규칙은 그때에도 확실하게 기능을 보여주었고, 나는 바라던 것을 얻을 수 있었다.

명성을 얻은 나에게 전 세계의 사람들로부터 편지가 날아왔다. 우편물이 가득 담긴 자루가 몇 개나 배달되었는데, 그 양이 너무 많아 답장을 쓴다는 것은 엄두조차 낼 수 없었다. 함께 일하겠다는 사람들이 20명 단위로 몰려온 적도 있었다. 사업가들은 내게 다양하게 융자해주겠다고 제의했으며, 상업용 광고에 출연해달라는 요청이 끊이지 않았다.

그러나 내가 지금 바라는 것은 그런 것이 아니다. 마음의 평안이 중요함을 알게 된 것은 내 이름을 전화번호부에 등록하고 나서부터였는데, 그 시기에는 정말이지 잠도 편하게 잘 수가 없었다.

현재에 이르기까지 오랜 세월에 걸쳐 나는 성공을 획득하기 위한 프로그램의 가치판단과 그 프로그램 이용자에 대한 효과를 측정할 수 있게 되었다. 이와 같은 프로그램과 책은 몇백만 명의 사람들이 행복과 성공을 이룩하는 데 도움이 되어왔다.

그동안 나는 내가 만들어낸 수많은 도움 중에서 어느 것을 가장 효과적이면서도 보편적으로 응용할 수 있는가 하는 점을 찾아내는 데 흥미를 갖고 있었다. 그리고 어떤 사람이 자기 자신을 발견하고 앞으로 나아가기 시작할 때에 박차를 가할 수 있도록 해줄 만한 촉진제 같은 것은 어떤 이야기일까, 또는 어떤 유형의 실례일까 하는 것을 스스로 규명해왔다. 이 책은 그 성과 중의 하나이다.

이 책을 다 읽고 나면 당신에게 반드시 마음의 평안이 찾아올 것을 확신한다.

나폴레온 힐

Contents

자기 자신을 믿는 것이 성공의 초석이다

chapter 01

과거로 향한 문을 닫고 성공을 향해 달리자

chapter 02

마음가짐에 따라 경제적인 부와 마음의 평안을 동시에 누릴 수 있다

chapter 03

자기 확신을 통해 자유로운 삶을 누리자

chapter 04

저축하는 습관을 통해 돈의 주인이 되자

chapter 05

훌륭한 기교 '나눔'을 몸과 마음에 익혀라

chapter 06

부자의
생각을
훔쳐라

나는 내 삶의 주인으로 살고 있는가? ■ 당신에게 뛰어난 재능이 있음을 확신하라 ■ 한마디 말이 나를 변화시켰다 ■ 앤드류 카네기의 막대한 유산의 비밀 ■ 권위자의 말에 흔들리지 마라 ■ 비 온 뒤에 땅이 더 굳어진다 ■ W.클레멘트 스톤의 결단 ■ 죽음을 이긴 남자, 아놀드 리드 ■ 성공에 의식을 집중하라 ■ 실패한 경험이 있는 사람에게도 성공 의식이 싹틀 수 있는가? ■ PMA 프로그램의 지지자 마하트마 간디 ■ 자신의 마음에 정신적인 성벽을 쌓아라

chapter **01**

자기 자신을
믿는 것이
성공의 초석이다

나는
내 삶의 주인으로
살고 있는가?

당신은 성공할 가능성이 아주 많은 사람이다. 그런데 성공하려면 먼저 자신의 마음을 정확히 알고 자기 삶의 주인이 되어야 한다. 당신 안에 있는 진실한 자기의 모습을 완벽하게 알고 나면, 자기가 정해놓은 시간 안에 꿈을 이룰 수 있다. 혹시 어떤 특별한 기술을 가지고 있다면 자신의 가장 소중한 꿈의 결실도 맺을 수 있다. 자신에게 잠재해 있는 능력으로 어떤 기술이든 쉽게 받아들일 수 있으며, 그것을 충분히 활용할 수도 있다.

성공한 사람은 인생의 어느 지점에서든 반드시 자기가 바라는 대로 살아가는 방법을 발견한다. 이 강하고 큰 힘을 좀 더 젊을 때 발견할수록 성공과 행복이 가득한 인생을 보낼 가능성이 더 커진다. 그러나 좀 늦게 발견하였더라도 비관할 일은 아니다. 60세를 훌쩍 넘긴 후에야 진정한 삶의 의미를 발견하고는 큰 변화를 보이는 사람도 아주 많다. 그만큼 자신의 능력에 대한 발견은 강한 영향력을 갖는 것이다.

그 능력을 발견하든 못하든, 자신이 타인에 의해 좌지우지되는 굴욕적인 삶을 살게 된다면 진절머리가 날 것이다. 자신이 진정 원하는 삶, 자신이 좋아하는 방향대로 살아가는 방법을 확실히 찾아야 한다.

인간은 자기 마음에 대해 자유로울 권리를 날 때부터 부여받았다. '타인'에 의해서가 아닌 자기 자신의 인생을 산다는 것, '타인의 사고'에 의해서가 아닌 자기만의 사고를 가진다는 것, 자신의 소망이나 목표를 찾아내어 그것을 달성하는 것, 이를 위해서 하늘은 인간에게 자기 자신의 마음에 대한 자치권을 주었다. 자신의 마음을 스스로 결정한다는 것이 얼마나 아름다운 일인지 꼭 새겨두어야 한다.

이렇게 의미심장하며 특권이라고 할 만한 자치권을 행사함으로써 삶 자체가 풍요로워지고, 따라서 최고의 부富라고 할 수 있는 '마음의 평안'을 얻을 수 있다. 마음의 평안이란, 그것이 없이는 진실한 행복 또한 있을 수 없다고 할 만한, 아주 흡족한 상태를 가리킨다.

당신은 자신에게 많은 영향을 끼치는 여러 요인들에 둘러싸여 있다. 당신은 타인의 행동이나 희망, 규칙과 습관 등으로부터 영향을 받는다. 그리고 타인이 당신에게 영향을 주듯이 당신도 타인에게 영향을 주고 있다. 그러한 영향을 주고받는 동안 당신은 자신의 삶을 가꾸고, 이루고 싶은 목표와 소망을 향해서 전진해야만 한다.

"너 자신을 알라!"

고대 그리스 철학자들의 이 말은 넓은 의미의 부를 얻고 싶어하는 사람들에게 더욱더 귀중한 충고가 될 것이다. 자기 자신을 모른다면 당신은 미래를 가꾸지도, 더구나 '위대한 비밀'을 활용하는 것도 못하게 된다. '위대한 비밀'이란 원하는 목적지에 당신을 실어다주기 위해 꼭 필요한 것이다.

이제 행복의 계곡을 향해 나아가보지 않겠는가!

이쯤에서 당부해두고 싶은 게 한 가지 있다. 나를 원격 조정자나 운전석의 조수로 생각하지는 말아주었으면 하는 것이다. 운전대를 잡은 사람은 바로 당신이며, 나는 다만 신뢰할 만한 지도를 근거로 당신에게 꼭 필요한 정보를 환기시켜주는 보조자에 지나지 않는다. 그 지도에는 분명히 간선도로와 고속도로가 표시되어 있다. 부와 마음의 평안을 얻기 위해 가야 할 길은 달리기 쉽도록 곧게 뻗어 있다.

당신에게
뛰어난 재능이 있음을
확신하라

지금 이 순간, 어쩌면 당신은 밝은 전등 아래서 이 책을 읽고 있을지도 모른다. 이 전등을 세계 최초로 실용화시킨 사람이 에디슨이라는 사실을 모르는 사람은 아마 없을 것이다. 여기서 나는 토머스 에디슨에 대한 이야기를 하지 않을 수 없다.

에디슨이 초등학교 저학년이었을 내 "이 아이는 머리가 아둔해서 수업을 이해하지 못한다" 며 학교에서 쫓겨난 일은 여러분도 잘 알고 있을 것이다. 이것이 바로 당시의 에디슨에게 미친 타인의 영향력이라고 하겠다. 초등교육을 받을 만한 능력이 없음을 에디슨에게 말해준 사람은 선생이라는 직함을 가진 권위자였다. 만일 에디슨이 계속 그 권위자의 지도를 받았더라면 나중에 어떻게 되었을까?

인류를 위하여 퍽 다행스러웠던 점은, 에디슨이 그때 선생의 지도를 받기 위해 애걸하기보다 자기의 인생을 살겠다고 결심했다는 사실이다. 그것은 본인으로서도 다행이었다. 수많은 역경을 헤쳐나가면서 그는 정규교육에서는 도저히 기대할 수 없는 많은 지식을 체득하고 또한 발견하지 않았는가.

먼저 그는 자신이 스스로를 조종하고 제어할 수 있는 힘을 가지고 있음을 발견했다. 따라서 어떤 목표라도 자기가 방향을 설정할 줄 아는 능력이 있음도 깨달았다.

그리고 그는 학교에서는 아무런 과학 지식도 배우지 못했지만, 타인의 전문 기술을 잘 활용하여 추진해나가는 방법을 알고 있었다. '아둔하다'고 했던 그 머리를 최대한 활용함으로써 그는 백열전구뿐만 아니라 수없이 많은 위대한 발명품을 만들어냈다.

한마디 말이
나를
변화시켰다

나는 소년 시절에 자칫하면 '쓸모없는 놈'이라는 별명이 붙여질 뻔했다. 아홉 살이 된 직후였다. 여덟 살에 어머니가 돌아가시고 나는 친척 집에서 더부살이를 하고 있었다. 나는 아버지와 친척들에게 불량한 아이(실제로 그랬었다)로 찍혔다. 사람들이 시키는 일 중에 제대로 하는 일이라고는 하나도 없었으며, 제대로 하는 짓은 고약한 망니니짓 정도였다. 어떤 사람은 제시 제임스1847~1882. 서부 개척 시대의 무법자의 환생이라고까지 말하였다.

나는 나대로 그 평판에 어울리도록 마음껏 행패를 부렸는데 진짜 6연발 권총을 가지고 서부 사나이의 흉내를 내곤 했다.

그때 한 여인이 내 앞에 나타났는데, 그 사람의 출현으로 말미암아 내 인생은 확 달라졌다. 그는 다름 아닌 나의 계모였다.

아버지가 재혼한다는 것을 알게 된 친척들은 내가 그녀를 싫어하도록 이간질했다. 그 여자에 대한 갖가지 부정적인 정보를 빠짐없이 전해 준 것이다. 사람들은 언제나 다른 사람들이 다투는 것을 보는 일이 큰 즐거움인 모양이다. 나는 조금도 의심하지 않고 그 유혹에 넘어갔다.

드디어 아버지가 그녀의 손을 잡고 우리들 앞에 나타났다. 집에는 친척들이 줄지어 기다리고 있었고, 아버지는 그녀에게 한 사람씩 소개해 나갔다.

아버지는 맨 마지막으로 내 앞에서 걸음을 멈추었다. 나는 구석진 곳에서 몸을 비스듬히 꼰 채 마치 악당이라두 된 듯한 자세로 서 있었다.

"이 녀석이 이제 당신의 아들이 될 나폴레옹이야."

아버지는 계모에게 나를 소개했다.

"이 와이즈 카운티 일대에서 가장 고약한 놈이라고 해도 될 거야. 누구나 다 그렇게 생각하겠지만, 올바른 사람이 되긴 틀린 녀석이지. 내일 아침 동이 트기 전에 이놈이 당신에게 돌을 던진다고 해도 누구 하나 놀라지 않을걸, 아마."

이 말을 들은 나의 마음은 크게 동요되었다.

그러나 계모는 훌륭한 사람이었다. 그녀는 양손바닥으로 나의 볼을 잡은 채 얼굴을 위로 치켜올리고는 가만히 내 눈을 들여다보았다. 그러고는 아버지를 향해 말했다.

"이 아이는 절대로 고약한 아이가 아니예요. 아주 영리하고 똑똑한 아이예요. 당신이나 다른 사람들의 생각은 아주 잘못되었어요."

아버지의 기분 나빠하는 표정에도 아랑곳하지 않고 계모는 계속 말을 이었다.

"이 아이에게 필요한 것은, 분명한 목표예요."

누가 내게 이런 말을 해준단 말인가? 누가 내게 이런 말을 해준 것은 이번이 난생 처음이었다. 나는 기지개를 켜듯 몸을 쭉 뻗어 가슴을 활짝 폈다. 얼마나 기뻤는지 나도 모르게 얼굴에는 웃음꽃이 피었다.

내 어머니의 자리를 차지하기 위해 온 '그 여자', 지금까지 친척들이 부르던 호칭이었던 '그 여자'가 내 마음 가운데 있는 최고의 그 무엇인가를 꺼내줄 사람임을 어린 마음에도 느낄 수 있었다. 단순하기 그지없는 한두 마디의 말이 나를 완전히 새로운 아이로 바꿔놓았다.

그 일이 있고 나서 나의 6연발 권총 시대는 막을 내렸다. 성장해감에 따라 나는 점점 자신의 존재를 파악하게 되었고, 나에게 글을 쓰는 재주가 있다는 사실도 발견하게 되었다. 계모는 나에게 타자기 치는 방법을 익히게 해주었다. 그 덕분에 나는 나중에 신문사로 기사를 보낼 수가 있었고 이 경험을 통해 성공한 사람들과 인터뷰할 자격도 얻게 되었다. 그런 인연으로 세계 최대의 부호인 앤드류 카네기를 알게 되었고, 사흘 밤낮으로 그와 인터뷰를 했다. 그리고 어떤 약속이 우리 두 사람 사이에 이루어졌다. 그 약속이란 그가 벌써 작성해두었던 유서를 실행에 옮기는 일이었다.

앤드류 카네기의
막대한 유산의
비밀

그의 유서의 첫머리는 이렇게 시작된다.

"내가 쌓아올린 막대한 재산의 대부분을 나는 많은 사람들에게 나누어주고 싶다. 그 재산이란, 나를 거부로 만들어준 성공의 비결에 관한 철학을 가리킨다."

카네기는 자신의 체험 중에서 '성공의 비결'을 정리하여 그것을 다시 자기의 생활이나 사업을 이루는 데 활용함으로써 그 가치를 검증해나갔다. '비결'은 어떠한 경우에든 큰 힘을 발휘하였고 그 자신을 커다란 성공으로 인도해주었다.

그는 다른 사람들도 이 '비결'을 응용한다면 틀림없이 '성공'할 수 있으리라고 생각했다. 그러나 뒷받침해줄 근거가 필요했다. 그와 동시에 많은 에피소드를 추가하거나 알기 쉽게 표현해서 어느 누구라도 활용할 수 있도록 만들어야 했다.

그 일을 나에게 맡긴 것이다. 1908년의 일이다. 나는 약속을 지키기 위해 그가 소개하는 사람을 포함해서 눈에 띄게 성공한 507명의 사람들로부터 협조를 얻어 단독 인터뷰와 자료 수집에 들어갔다.

그리고 나는 이 사업을 통해 놀랄 만한 법칙을 발견했다.

그것은 그냥 탁상공론으로 끝나는 성공 기술이 아니었다. 머릿속에서 만들어진 것이 아니라, 실제로 부를 축적한 사람들의 인생에 담겨 있는 비밀이었다. 그들의 행동 패턴에서 추출된 성공의 비밀이었다.

이를 계기로 해서 발전한 것이 오늘날의 나폴레온 힐 재단이다. 드디어 이 활동이 전 세계로 뻗어나가 몇천만 명의 사람들에게 번영과 마음의 평안을 가져다줄 수 있었다.

권위자의 말에
흔들리지
마라

위대한 예술가들 역시 자기 삶의 주인으로서 인생을 꾸려온 사람들이다. 그렇지 못했다면 그들은 위대한 인물이 될 수 없었을 것이다.

오스트리아 태생의 미국 알토 가수 슈만하잉크1867~1936는, 젊었을 때 성악 교사에게 성량 테스트를 받은 일이 있다. 선생은 잠깐 동안 그의 노래를 들어보고는 한심하다는 듯이 말했다.

"네, 이제 됐어요. 당신은 지금 하고 있는 의복 재단을 계속하는 편이 훨씬 낫겠군요. 그렇게 하면 당신은 일류 재단사가 될 수도 있을 거예요. 하지만 성악가는 절대로 무리입니다!"

이것이, 성량의 폭이 넓고 연기력이 뛰어난 당대 제일의 오페라 가수에게 내려진 처방이었다.

기억해두기 바란다. 권위자가 하는 소리가 겨우 이 정도의 말이라니. 가녀린 소녀의 입장에서는 두 번 다시는 노래를 하지 않겠다고 토라진다 해도 하나도 이상한 일이 아니다. 상대는 권위자이기 때문이다. 그러나 그녀는 자기 자신을 똑바로 보는 마음을 잃지 않았다. 그녀야말로 자기 자신이었다!

그녀는 오히려 더 열심히 노래 공부를 하기로 결심했고 마음먹은 대로 행동했다. 그리고 결국에는 많은 사람들이 자신의 아름다운 노래에 취하도록 만들었다.

그런 사례는 얼마든지 있다. 아무리 권위자로부터 재능이 없다는 말을 들어도 본인이 자신의 재능을 믿고 그대로 실행한다면 그 재능을 더욱 훌륭하게 꽃피울 수 있다.

비 온 뒤에
땅이
더 굳어진다

견디기 어려운 역경은, 그만큼 아니 그 이상의 이익을 실현해줄 씨앗을 선물해준다. 실패나 실의를 경험하지 않고 곧바로 성공을 이룬 사람은 거의 없다.

실패했더라도 자기 본연의 모습을 확실하게 파악하고 있다면, 다시 말해서 자기 자신을 진실되게 지키면, 얻어맞고 쓰러지는 일은 생기지 않는다. 혹시 강한 펀치를 맞고 쓰러진다 하더라도 금방 일어날 수 있다. 울퉁불퉁한 험한 길에 들어섰을지라도 반드시 잘 포장된 고속도로로 향하는 길을 발견하게 된다.

그러나 당신은 "그런 진리란 단순한 일에만 해당되는 것 아닌가?" 하는 의문을 가질지 모른다.

그러면 복잡한 문제에 대해 생각해보자. 예를 들어, 곤란한 문제를 극복하고 식민지의 입장에서 벗어난다는 문제를 생각해보자. 잡다한 문제들을 모두 거두어들여서 조정하고 통일한 다음, 자기가 초대 대통령에 취임하는 모습을 상상해보면 어떨까?

1910년에 나는 당시 워싱턴 주재 판무관이던 마누엘 L.케손 모라나 1878~1944 씨의 사설고문으로 일하게 되었다. 정치적인 면에서 그의 상담자 역할을 하였을 뿐만 아니라 내가 새롭게 체계화시킨 성공 프로그램PMA 프로그램의 구편을 가르치기도 했다. 성공 프로그램을 가르친 것이 정치적인 상담자 역할보다 훨씬 중요한 일이었다고 생각한다.

케손 씨는 훗날 1935년, 독립한 필리핀연방공화국에서 초대 대통령이 되었다. 필리핀 국민을 해방시키고자 하는 바람은 케손 씨의 마음을 강하게 자극해주고 있었고, 그는 오래전부터 새로운 국가의 초대 대통령이 될 결심을 굳히고 있었다.

나는 그가 필리핀의 독립과 대통령에 대한 꿈을 이룰 수 있을 것이라고 믿었다. 그렇지만 우리들은 이러한 큰 일을 하루아침에 성취하는 것은 불가능하다는 것도 알고 있었다.

확실한 바람이나 목표를 결정하는 행위에는 모든 사람이 인정하는 힘이 있다. 그러나 그 목표를 달성할 수 있는 시간을 정하고 그 범위 안에서 목표를 실현하려는 의지의 힘에 대해서는 모르는 사람이 많다.

케손 씨의 고문 역할을 맡은 지 몇 해가 지났을 때, 나는 그에게 필리핀을 독립시키고 새로운 국가의 리더가 되는 날을 확실하게 정하는 편이 좋지 않겠냐고 의중을 떠본 일이 있다. 한편으로 나는 목적을 달성한 후에 그가 매일 반복해서 복창할 자기 선언Affirmation도 준비했다. 그 선언은 이렇게 마무리 지었다.

"내 마음은 나의 목적과 일치하는 의견이나 영향만을 받아들인다!"

제한 시간과 자기 선언은 케손 씨가 자신의 마음을 다지고 향후에 나타날 장애에 맞설 에너지를 유지해나가는 데 커다란 도움이 되었다.

그리고 케손 씨가 PMAPositive Mental Attitude 프로그램을 쓰기 시작한 지 24년이 지난 1935년에 그는 신생 독립국 필리핀의 초대 대통령이 되었다. 그 기간은 미리 정해두었던 기간과 겨우 6개월의 오차가 있었을 뿐이다.

이것이 과연 우연의 일치일까? 그 기간 동안 세계대전이나 그 밖의 예측 불가능한 사건이 일어났음에도 불구하고 거의 예측한 기간 내에 꿈을 달성할 수 있었던 것을 그저 우연의 일치라고 할 것인가?

결코 그렇지 않다. 왜냐하면, 나는 그 이전에 PMA 프로그램의 원리가 다양한 처지에 놓인 사람들에게 대단히 효과적으로 작용한다는 사실을 경험했기 때문에, 단언할 수 있다.

이번에는 이 PMA 프로그램을 응용해서 눈부신 성공을 거둔 한 사람에 대하여 이야기해보자. 현재 시카고에 살고 있는 세계적인 대부호에 대한 얘기다.

W.클레멘트 스톤의
결단

W.클레멘트 스톤은 세계 최대의 보험 그룹인 콤바인드 보험회사를 산하에 두고 있는 기업 그룹의 총수이다. 그는 1981년에 노벨 평화상 후보에도 올랐다.

그런데 클레멘트 스톤이 자기의 바람, 즉 자신의 마음이 자신도 모르게 쏠리는 것을 느낀 때는 고교 시절이었다고 한다. 당시 그는 보험 권유를 하는 아르바이트로 엄청난 실적을 올렸다. 그의 소득은 상사의 급여를 초과할 정도였다. 1988년 현재 그의 자산은 거의 5조 원으로 추정되고 있으며 지금도 계속 매우 빠른 속도로 늘고 있다.

그런 그도 1939년에 커다란 위기에 직면했다. 당시 그는 특별재해와 의료보험을 취급하는 대보험회사의 대리점장이었는데, 어느 날 모 회사가 음모를 꾸며 그와의 계약을 2주일 후에 해지한다는 통지를 해왔다. 그때 스톤은 이렇다 할 예금이 없었다. 때문에 대리점 계약을 어떻게든 지속해야만 했다. 그때 스톤은 4~5분 동안 자기 자신의 마음과 약속을 하고 자문자답해보았다. 그리고 결론을 내렸다. 자기와의 계약 해지가 보험회사에 중대한 손실을 가져온다는 점을 설득하기로 결정한 것이다.

한편, 보험회사로서는 계약을 해지하는 데 그럴 만한 이유가 있었지만, 대화를 나눈 후에 그의 주장을 받아들이기로 했다. 그래서 스톤은 자신의 희망대로 대리점 계약을 지속할 수 있었다.

그날부터 그는 방대한 자산 형성을 향한 첫걸음을 내딛기 시작한다. 그는 1956년까지 의료 · 재해 보험회사를 자신의 소유로 만들기로 결심했고 실제로 그 결심은 1956년에 달성되었다. 한편, 스톤은 개인 자산을 천만 달러로 늘릴 것을 결심했으며, 이것 역시 달성할 수 있었다.

최근에 그는 평생의 목표로 '자산 6억 달러 만들기' 계획을 세웠다고 한다. 기한을 언제까지로 정했는지는 정확히 모르지만 그것도 아마 틀림없이 이루어낼 것이다. 그리고 그는 자산의 대부분을 현재까지 그래왔듯이 인류의 행복을 위해 사용할 것임에 틀림없다. 심장이 약한 사람이라면 6억 달러라는 소리만 들어도 펄쩍 뛰겠으나, PMA 프로그램의 비밀을 아는 사람이라면 "야! 그것 괜찮네!" 하고 말할 것이다.

내가 스톤을 처음 만난 것은 1953년이었다. 그때 나는 그의 부와 명성에 대한 드라마틱한 출세 비화를 이해하게 되었다. 그가 혼자서 사업을

시작했을 당시, 그의 재산은 현금 100달러와 단 한 권의 책이었다고 한다. 그 책은 『Think & grow Rich』였는데, 나의 저서 중 가장 기본적인 책이다.

그는 나에게 제안을 해왔다. 내가 낸 책과 PMA라는 성공 프로그램을 자신의 회사에 다니는 모든 사원에게 적용하고 싶다는 내용이었다. 그가 나의 '철학'을 어떻게 활용할지에 대해서 나는 무척 흥미를 느꼈으므로 기분 좋게 그의 제의를 받아들였다.

그 일에는 무려 10년이라는 시간이 필요했다. 그의 전사원에게 PMA 프로그램을 가르치는 데 나는 모든 시간을 쏟아서 도와주었다. 그리고 성과는 만족할 만했다. 카네기의 지시에 따라 내가 20년간 연구했던 일이 확실하게 입증되었기 때문이다. 그 연구란 사람들이 현재 자신의 위치에서 자신이 진정 원하는 바대로 나아가는 데 아주 큰 도움이 되는 기적의 공식을 확립시키는 일이었다. 그 공식이 도움을 준다는 사실은 스톤의 회사에서 분명히 재확인되었다.

내가 스톤과 일을 시작했을 무렵, 그 회사의 중역들은 대부분 반대 의견을 내놓았다. PMA 프로그램의 도입은 시간 낭비라면서 모두들 부정적이었다. 그들은 PMA 프로그램이 무엇인지 거의 들어본 일도 없는 것 같았다. 이 프로그램이, 507명의 유능한 사람들이 많은 시행착오를 거듭하면서 느낀 방대한 자료를 기본으로 삼아 만들어졌다는 사실을 몰랐으므로 회의적인 견해를 갖는 것도 무리는 아니었다.

5년 뒤에 그 중역들과 얼굴을 마주보면서 회의를 할 기회가 생겼다. 물론 스톤 씨도 그 자리에 있었다. 스톤이 중역들에게 말했다.

"여러분, 콤바인드 보험회사는 지금 기적을 일으키고 있습니다."

그는 잠시 침묵한 다음 다시 입을 열었다.

"나폴레온 힐 박사가 여기에 오기 전까지는 회사에 기적이 일어나지 않았습니다."

내가 스톤과 일을 시작할 무렵 그 회사의 수입 보험료 연간 총액은 약 2천4백만 달러였다. 그리고 스톤의 개인 자산은 3백만 달러였다. 10년이 지나 나와의 계약이 종료되었을 때, 수입 보험료는 8천4백만 달러, 개인 자산은 무려 1억 6천만 달러가 되었다.

10년 동안의 계약으로 내가 얼만큼의 보수를 받았는지 궁금할지도 모르겠다. 그렇지만 내가 받은 금액은 스톤이 갖게 된 금액과 비교하자면 없는 것과 마찬가지라는 것만 말해두겠다. 게다가, 물론 나는 오직 금전이라는 보수를 얻기 위해서 일한 것은 아니었다.

나는 돈으로 얻을 수 있는 것보다 훨씬 더 멋진 것을 원하고 있었다. 그때까지 PMA 프로그램은 편지나 고백에 의해 검증되었지만, 나는 10년간 스톤과 일하면서 PMA 프로그램을 확실하게 체득하여 활용하면 틀림없이 기적이 일어난다는 사실을 몸으로 재확인할 수 있었다.

더욱 중요한 점은 이를 계기로 해서 나폴레온 힐 재단이 설립된 일이다. 이 재단은 PMA 프로그램을 비롯한 성공과 의욕에 관한 몇 가지 프로그램을 재검증하여 보다 더 우수한 것으로 만드는 일과 함께, 이를 전국에 보급시키는 것을 목적으로 한다.

이처럼 보급 활동을 편 결과, 프로그램이 현재 미국 각지뿐 아니라 몇몇 폐쇄적인 나라를 제외한 많은 나라에 큰 파문을 일으켰다. 이런 현상은 내가 이 철학을 체계화시키기 시작했을 무렵인 1908년에는 전혀 예상하지 못했던 일이다.

문득 한 가지의 금언이 떠오른다.

"하늘은 스스로 돕는 자를 돕는다."

죽음을
이긴 남자,
아놀드 리드

아놀드 리드는 보험회사의 중역이다. 그의 인생 경력과 PMA 프로그램과의 관계는 W.클레멘트 스톤과 견줄 만하다. 오히려 PMA 프로그램의 활용면에서 보면 스톤의 경우보다 더 드라마틱하다고 하겠다.

리드는 아주 뛰어난 보험 세일즈맨이었다. 그 분야에서는 타의 추종을 불허할 정도의 실적을 기록했다. 리드의 세일즈 실적은 연간 100만 달러에서 시작하여 급격히 늘어났다.

그는 어떤 보험회사와 계약을 체결하고 있었다. 그 회사의 경영자는 친구였다. 적어도 리드 자신은 그렇게 생각하고 있었다. 그러나 불행하게도 그는 회사와 체결한 계약조항을 주의깊게 읽어두지 않았다. 나중에 가서 안 일이지만, 계약조항 중에는 '보험료 실적 할증 비율의 갱신은 할 수 없다'는 한 구절이 들어가 있었다. 비율의 갱신이야말로 보험 세일즈맨으로서 실적을 올리는 데 가장 중요한 대목이다. 그런 의미로 본다면, 그것은 누가 보아도 몰상식의 극치를 달리는 조항이었다.

그 점을 알아차린 리드는 심한 충격을 받아 자리에 눕고 말았다. 침대에 누운 채 식음을 전폐하고 어느 누구와도 말을 나눌 수 없는 처지가 되고 말았다. 걱정이 된 가족들이 의사를 몇 명이나 불렀지만, 어느 의사도 그의 신체에서 이상을 발견하지 못했다.

그는 몸이 아닌 마음에 병이 든 것이었다. 친구에게 배신을 당한 충격으로 그의 '영감과 자신에 대한 믿음'은 싹둑 잘리고 말았다. 그 영감은 그를 훌륭한 보험 세일즈맨으로 만들어낸 원천이기도 했다.

천천히, 확실하게 아놀드 리드는 죽음을 향해 가고 있었다. 그의 병은 어떤 의사도 고칠 수 없었다. 진찰해본 의사는 그 점을 알기 때문에 자신은 환자와 가족에게 희망을 줄 수 없다고 이야기했다.

그런데 기적이 일어났다. 기적을 불러일으킨 사람은 리드의 또 다른 친구였다. 그는 내 프로그램을 장기간 배운 사람이었다. 그가 리드에게 문병을 하러 가서는 PMA 프로그램의 요점을 건네주며 이렇게 말했다.

"이것은 나한테 굉장한 효과를 발휘했던 프로그램이야. 자네한테도 정말 유용할 걸세."

그러나 리드는 친구에게 받은 PMA 프로그램을 그냥 침대 곁에 팽개쳐두었다. 그리고는 다시 돌아누워버렸다.

친구가 돌아가고 몇 시간 후 그는 슬그머니 PMA 프로그램을 손에 들었다. 그리고 '시시한 것이겠지' 하는 표정으로 매뉴얼 페이지를 열었다. 어라! 거기에는 눈길을 끄는 것이 하나 있었다. 그는 그 구절을 대충 읽어보았다. 다 읽고 나서 다시 한 번 더 읽었다. 그리고 또 다시……

세 번째부터였던가, 그는 자신에게서 힘이 솟아남을 느꼈다. 그것은 지금 지하 감방에서 신음하고 있는 자신을 구출해주는 힘이라는 것을 그는 확실히 느꼈다.

그는 침대에서 벌떡 일어나 친구들에게 편지를 쓰기 시작했다. 그가 보험 세일즈맨으로서 뛰어난 실적을 올린 사실을 알고 있는 친구들에게 보낸 편지의 취지는 다음과 같다.

"그레이트 커먼웰스라는 이름으로 생명보험회사를 설립하려는데 함께하지 않겠는가?"

친구들은 곧바로 답장을 보내왔다. 그리고 흔쾌히 출자도 해주었다. 자금은 필요한 이상으로 모였다. 그래서 대부분은 다시 돌려주지 않으면 안 될 정도였다. 그것은 마침 내가 W.클레멘트 스톤과 제휴하기 시작할 쯤의 일이다.

약 12년 후 그레이트 커먼웰스 생명보험회사는 그 분야에서 가장 성공한 회사 중의 하나가 되었다. 1966년에는 수입 보험료가 9천만 달러를 넘었고, 아놀드가 새로 설정한 연간 10억 달러라는 매출 목표를 향해서 급속도로 실적을 쌓아올리고 있었다.

이 회사는 미국의 주요 도시에서 400명 이상의 남녀 사원으로 구성된 영업 조직을 형성하고 있다. 그 사람들은 아놀드 리드를 죽음의 그림자에서 구출해낸 불가사의한 힘에 귀를 기울여서 모인 사람들이다. 그들은 보험업계에서는 비할 바 없을 만큼 훌륭하게 일한다.

그레이트 커먼웰스 생명보험회사는 미국 각지에서 정기적으로 신입 사원 훈련을 실시하고 있다. 세일즈맨으로서의 교육인데, 각 훈련생이 가장 먼저 배우는 것은 PMA 프로그램이다. 훈련생들은 이 프로그램이 아놀드 리드 사장에게 어떤 성과를 주고 회사에 어떤 영향을 미쳤는지에 대한 개략적인 설명을 듣는 것으로 교육을 받기 시작한다.

최근에 내가 그 회사의 판매 조직에서 강연했을 때의 일인데, 아놀드 리드는 나의 팔을 잡아 연단 위로 끌어올렸다. 그는 PMA 프로그램을 치켜들고 외쳤다.

"여러분! 이 프로그램과 내 왼쪽에 계시는 이분이 없었다면 그레이트 커먼웰스는 탄생하지 못했을 것이며, 나 자신은 지하 삼 미터에서 잠자고 있었을 것입니다."

이 말은 내가 경험해본 중에서 가장 짧고 가장 극적인 소개 스피치였다. 나는 감동으로 인해 가슴이 두근거려 곧장 강연을 시작할 수 없을 정도였다.

아놀드 리드는, 그레이트 커먼웰스에서 쌓아올린 빛나는 기록으로도 증명되었듯이, 진실로 우수한 리더이다.

그가 보여주는 리더십의 비밀은 '자기의 행동을 믿는 것'과 사업 관계자들과 '성실한 태도로 만나는' 데 있었다. 이 두 가지가 없다면 누구든 인생의 어느 단계에서도 훌륭한 리더가 되지 못한다.

성공에
의식을
집중하라

부를 이룬 몇백 명의 사람들과 인터뷰하는 사이에 나는 그들이 마음을 어떻게 성공에 초점을 맞추었는가를 알게 되었다. 그들 중에는 교육을 받은 사람도 있었지만, 그렇지 않은 사람도 있었다.

정규교육은 그들이 멋진 일을 이룰 수 있는 힘을 준 것과는 전혀 관련이 없었다. 특출난 지능 덕분도 아니었다. 무언가 그들의 마음에 와닿아서 소망을 갖게 했고, 인생의 다양한 환경을 겪으면서 얻은 요소를 활용하여 자신의 야심을 달성하는 데 도움이 되도록 한 덕분이었다. 그 무언가란 바로 성공을 의식하는 일이었다.

당신은 먼저 자기의 마음을 알아야 한다. 그렇게 하면 '성공 의식'을 발견할 것이다.

정규교육을 많이 받지 못했던 헨리 포드가 값이 싸고 질이 좋은 자동차를 생산하는 기술을 마스터했을 때도 성공 의식을 갖고 있었다. 그는 자기가 만든 차를 보급하려면 나라 안의 모든 지역에 꾸준한 판매 활동을 진행시킬 필요가 있다고 생각했다.

판매 조직을 구성하고 있는 동안 성공에 대한 포드의 확신은 필요한 자금을 얻는 방법을 고려하는 데까지 이르렀다. 그에게는 자본이 필요했다. 은행이 돈을 빌려주겠다고 했으나 회사를 건실하게 유지하고 싶었기에 외부에 재무상의 이해관계, 즉 차입금을 만들지 말아야 했다.

먼저 그는 포드의 판매권을 가지는 대리점에만 차를 배정했다. 그리고 대리점이 할당된 대수를 반드시 수령하도록 하고, 더욱이 대리점으로 차를 보내기에 앞서서 판매 가격의 일부를 현금으로 미리 지불하도록 의무화했다. 이러한 조치들은 모든 판매 대리점을 포드 비즈니스의 실질적인 파트너로 만드는 일이었다. 그렇다고 포드의 주도권에 영향을 받은 것도 아니었다. 결국 그는 자기의 주도권을 온전히 유지한 상태로 필요한 운영 자금을 조달할 수 있었다.

더구나 그 방식은 판매 대리점으로 하여금 어떤 일이 있어도 차 한 대 한 대를 꼭 팔아야겠다는 의욕을 부여하는 효과를 가져왔다. 이는 만일 그들이 독립된 사업을 경영한다고 했을 때 절대적으로 필요한 모티베이션이다.

다음은 자전거 경주 선수 오빌과 윌버의 일화이다. 흔히 라이트 형제

라고 불리는 그들은 세계 최초로 비행기를 만들었다. 무엇이 그들의 마음을 움직이게 했을까? 무엇이 그들에게 풍동風洞을 만들도록 했을까? 무엇이 그들에게 그때까지 아무도 느끼지 못했던 날개 끝의 조종 비밀을 발견하게 했을까? 현재에도 그 '첫 비행'은 불가능했을 것으로 여겨지는데, 두 형제가 많은 한계를 초월할 수 있었던 것은 과연 무엇 때문이었을까?

그것은 그들이 자신들의 마음과 인생을 정확하게 관리하고 있었기 때문이다. 즉, 그들은 마음을 경영하고 인생을 경영하고 있었다. 그럼으로써 그들의 성공 의식이 밖으로 나타나 그들을 인도해준 것이다.

라이트 형제가 살던 시대와 현대 사회가 무엇이 다르다고 생각하는가? 물론 다를 수도 있겠다. 예를 들어, 컴퓨터에 사용되는 수천 수만 개의 작은 자기메모리MRAM, 자기저항을 이용해 만든 비휘발성 고체 메모리, 자료 처리 속도가 빠르고 소비 전력이 작다를 생각해보자. 라이트 형제는 그런 것에 대하여 아무 것도 몰랐으며, 헨리 포드나 앤드류 카네기, 에디슨도 알 리가 없었다. 그러나 그들은 그러한 조건에서도 자기 마음의 주인이 되어 자신이 원하는 바를 이루지 않았는가.

1955년, 마린 미클슨이라는 청년은 이제 곧 닥쳐올 컴퓨터시대를 예견하고 개발에 착수하였다. 그는 PMA에서 그 영감과 실행력을 얻었다. 그는 우선 자기 집의 지하실에서 자기메모리의 시작품을 만들어보기로 했다. 도구와 재료에 들어간 첫 투자액은 100만 원 정도였다. 그의 시작품 제조실에서 일한 최초의 직원은 친구이거나 근처의 주부들이었는데 그들은 '협력 동지'로서 일했다. 그러나 1960년 후반에 가면서 연매출액 300억 원의 회사로 성장한다.

실패한 경험이 있는 사람에게도
성공 의식이
싹틀 수 있는가?

자기의 마음을 알고 자기의 인생을 살게 되면, 녹음 테이프를 꺼버리는 것처럼 분명하게 실패의 기록을 지울 수 있다. 나중에 남는 것은 새롭고 더 좋은 정보를 다시 기록할 수 있는 양질의 테이프, 즉 마음이다. 그 일을 독자적으로 해낼 수 있는 사람들이 있는가 하면 도움이 필요한 사람도 있다.

혼자 힘으로 그 일을 해낸 어떤 남자가 있다. 그에게 시동을 건 사람은 나였지만 방향이 정해지고 나서는 그 자신의 힘으로 밀고 나갔다.

내가 그를 처음 만났을 때 그는 완전 무일푼이었다. 차림새도 후줄근했고 식사도 제대로 하지 못하는 처지인 것 같았다. 당시 그는 아무리 급여가 적어도 일만 할 수 있다면 기쁘게 달려들었을 처지였다.

그러한 사람이 지푸라기라도 잡는 심정으로 나에게 찾아와 구직 상담을 요청했다. 그는 입을 열자마자 말했다.

"잠자리와 끼니만 챙길 수 있다면 그것으로 족합니다."

잠자리와 끼니만 챙길 수 있다면 그것으로 족하다고? 이렇게 풍요롭고 돈이 철철 넘치는 세상인데도?

내 마음속에서 무언가가 이런 질문을 던지게 했다.

"식료 배급권 정도로 만족하다니, 도대체 자네는 스스로의 인생을 어떤 식으로 생각하는 것인가?"

그는 어리둥절한 눈으로 나를 쳐다보더니 더듬더듬 말했다.

"농담이라면 그만두십시오."

"나는 진심으로 하는 이야기야. 누구에게든 자신만의 자산이 있게 마련인데, 그걸 잘만 쓰면 백만 달러든 천만 달러든 만들 수가 있다네."

그는 한숨을 쉬었다.

"자산은 무슨 자산입니까? 지금 제 호주머니에는 5센트짜리 동전 하나밖에 없는데요."

"자네의 마음을 적극적으로 돌리라는 거야. 그러면 아주 중요한 자산이 손에 들어올 걸세. 의심스럽다면 함께 생각해보지 않겠나? 우선 앉게나. 그 편이 이야기를 나누기 쉬울 테니까. 먼저, 자네가 가지고 있는 기술을 리스트로 만들어보세. 전에는 무슨 일을 하고 있었지?"

그는 며칠 전까지 요리사로 일하고 있었다. 그 전에는 세일즈맨이었다. 요리사로서의 그의 솜씨는 그저 그런 편이었지만, 세일즈맨으로서는 낙오하기에 알맞은 실력이었던 모양이다. 바로 그 실패가 지금까지도 그를 괴롭히고 있었다. 그 일이 오늘에 이르기까지 그를 못살게 굴고 있었던 것이다.

그가 스스로 자기를 괴롭하고 있는 '마음의 돌'을 깨는 데는 나의 도움이 필요하리라 여겨졌다. 나는 그에게 지금까지 해온 일을 돌아보는 것이 아니라 이제부터 가능한 일을 살펴보아야 한다고 충고했다.

그와 잠시 대화를 나누는 동안 나는 마음을 바삐 움직였다. 그에게 질문을 하면서 나의 분주한 마음은 현재 새로운 조리기구가 개발되어 있다는 사실을 생각해냈다. 주부들에게 아주 편리하고 새로운 형태의 조리기구였다. 요리에 대한 이야기를 하면서 그와 요리에 대한 연관성을 차례로 생각해냈다. 그리고 우수한 세일즈맨이 될지도 모르는 남성이라는 생각이 들었을 때, 나는 어떤 힌트를 얻었다. 그렇다!

"자네, 알루미늄 냄비의 새로운 모델을 만드는 회사의 대리 판매를 해보지 않겠는가?" 하고 내가 제안했다.

"그 냄비는 장점이 아주 많지. 그걸 가지고 직접 요리하는 모습을 보여주면 금방 알 수 있을 거야. 냄비의 장점이 알려지면 쉽게 팔릴 거야. 어떤 주부든 냄비나 프라이팬을 무료로 자유롭게 쓸 수 있다면 가정 요리회에 기꺼이 근처 사람들을 초대할 걸세. 자네가 그 냄비를 사용해서 요리를 만들면 좋을 것 같군. 시식회가 끝난 다음에 풀세트로 주문을 받으면 될 거야. 만약 주부들 스무 명이 모인다면 반 이상은 살 것으로 예상하면 되네. 그중에 몇 사람은 똑같은 파티를 자기 집에서 열고 싶어할

지도 모르지. 일이 꼬리를 물고 이어질 수도 있네."

"말씀은 참 그럴 듯합니다만……."

청년은 내 이야기를 가로막았다.

"아주 좋은 말씀이긴 하지만, 당장 오늘 밤 저는 어디에서 자고, 어디서 무엇을 먹습니까? 깨끗한 새 셔츠를 어디서 구합니까? 그리고 첫째로, 일을 시작하는 데 들어가는 자금은 어떻게 합니까?"

그의 목소리는 조금 흥분되어 있었다.

이런 질문은 대체로 아직 자신의 진정한 모습을 깨닫지 못하는 마음이 내보내는 전형적인 표현이다. 바라는 바나 목표를 직시하려 하지 않고, 장애가 되는 일만 자꾸 떠올리는 것이다.

"자네에게 당장 필요한 것은 바른 마음자세를 갖는 일인 것 같네."

나는 새삼스럽게 냉정한 어조로 말했다.

"그렇게 하면 자기에게 필요한 것을 손에 넣든가, 아니면 손에 넣지는 못하더라도 다른 좋은 방법을 찾을 수가 있어. 어쨌든 자네가 바라는 것을 달성할 수 있지. 자네의 마음이 희망을 묘사할 수 있다든지, 성공 의식이 그 희망을 향해 밀고 나갈 마음이 느껴진다면, 그 희망은 반드시 달성되는 법이네. 그 밖의 일들은 나중에 생각해도 되지."

이런 이야기를 해나가다보니까 그 청년은 이상적인 상태, 즉 적극적인 목표를 가지는 마음의 직전까지 이르렀다. 나는 한 발 더 나아가 완전한 상태가 되기까지 기다리기로 했다. 이제부터는 그 자신의 힘으로 전진해야 하기 때문이었다. 드디어 나는 그의 인격 가운데서 무언가 빛

나는 것을 발견했다. 그것을 보고 나는 그를 위해서라면 다소의 위험을 안아도 좋을 것으로 판단했다.

나는 그에게 우리집의 방 하나를 내어주고 식사도 대접했다. 그리고 마샬 필드1834~1906, 미국의 실업가, 백화점 경영자의 상점에서 그의 몸치장을 위한 옷가지들을 외상으로 구입했다. 또한 그가 조리기구 한 세트를 구입하는 데도 보증을 서주었다.

그가 세일즈맨이 된 첫 번째 주말에 그는 100달러에 가까운 이익을 올렸다. 둘째 주에는 이익이 두 배나 되었다. 얼마 지나지 않아 그는 PMA 프로그램을 자진해서 배우기 시작했고 그와 동시에 다른 사람들을 채용하여 훈련시켜서 관리하기에 이르렀다. 모든 종업원을 자기 사람으로 만드는 데는 오랜 시간이 걸리지 않았다. 그들에게 성공 의식을 침투시켜나갔던 것이다. 그들이 일을 번창시킴으로써 그 역시 급성장해나갔다.

나약하여 공복에 시달리던 사람이 4년이 지날 무렵에는 400만 달러 이상의 자산을 가지기에 이르렀다. 그런데다 그가 새롭게 획득한 '성공 의식에 가득찬 마음'은 가정에서의 실연實演 판매법을 완성시켰다. 이 판매 방식에 의한 연간 이익은 1억 달러 이상이어서, 지금도 많은 세일즈맨들이 실행하고 있다.

PMA 프로그램의
지지자
마하트마 간디

어떤 사람이 자기의 마음을 발견하여 그것을 성공 의식으로 가득 채웠을 때, 또는 다른 사람이 그런 도움을 주었을 때, 나는 하늘나라의 종이 울리는 듯한 기쁜 감정에 빠진다. "여기 또 한 사람, 자기의 상상력에서 생겨난 무서운 속박의 쇠사슬을 끊은 영혼이 탄생했다"는 종소리이기 때문이다.

나는 앞에서 자기의 마음을 스스로 자각하여 자기의 인생을 살고 속박받지 않는 진실한 자신을 발견하자는 취지를 썼었다. 이미 당신은 그점의 중요성에 대하여 충분히 이해했으리라고 믿는다.

이제 독립 국가를 만드는 데는 어떤 점이 중요한가를 다시 한 번 생각해보고자 한다. 사람이 넘치던 옛날의 인도, 몇 세대에 걸쳐 영국의 식민지 지배를 받았던 인도의 역사, 그리고 거기에 저항한 마하트마 간디 1869~1948에 대해서이다.

재력도 군대도 집도 없고 입을 것조차 제대로 없었던 간디였지만, 그에게는 대영제국의 힘 전체를 다 합친 것보다 큰 자산이 있었다. 그 자산이란 자기 자신의 마음을 스스로 정확하게 조절할 수 있는 능력과 그것을 자신이 선택한 목적에 집중하게 만들 수 있는 힘이었다. 그는 인도를 자유천지로 만드는 길을 선택하여 그 목적이 달성되는 것을 보고 나서 죽었다.

나는 친구 마하트마 간디와 언제나 PMA에 대해서 이야기를 주고받았다. 그리고 간디는 PMA 프로그램을 절찬해주었다. 덕분에 나의 PMA 프로그램은 인도에서 많은 지지자를 얻게 되었다.

당신의 희망이나 목표가 부이건, 타인의 행복이건, 또는 양쪽 모두이건 알아두어야 할 것은, 자기를 알고 자기의 능력을 믿는 마음의 힘보다 더 큰 힘은 없다는 점이다.

자신의 마음에 정신적인 성벽을 쌓아라

나는 당신의 주의를 끌기 위해 일부러 '성벽城壁'이라는 단어를 사용했다. 마음에 성벽이 있는 것은 그다지 좋은 현상은 아니다. 그것은 겁내는 마음이며 변명이나 책임 전가로 가득 찬 마음이다. 그것은 목표 달성이나 성공이라는, 먼 지평선 저쪽에 있는 것에 눈을 돌리지 못하게 해버린다.

그러나 내가 여기서 말한 정신적인 성벽이란 부정적인 의미가 아니다. 오히려 어떤 특정 위치에 물러서서 그 가운데 가장 완전한 자기 자신의 위치를 찾으라는 뜻이다.

내가 알고 있는 성공한 사람들은 누구든지 나름의 정신적 성벽을 자기 주위에 둘러싸고 있다. 나도 그 방법을 시도해보고 그 유효성에 대하여 파악한 사람이다. 그 효과는 다음과 같다.

자기의 마음이 마치 중세의 성벽 같은 배치로 구성되어 있다고 상상해본다. 중앙에는 본채가 있는데 도저히 공격할 수 없고 함락되지 않는 튼튼한 건물이다. 본채 바깥으로 나가면 내성곽이 있는데 그것은 그다지 험난하지 않다. 그 바깥에는 또 하나의 성곽이 있는데, 이는 방어의 제1선이다. 성에 접근하는 자는 먼저 그 외벽을 넘지 않으면 안 된다.

당신의 마음속에 있는 이 정신적인 성벽을 너무 높게 쌓을 필요는 없다. 누구든지 정당한 이유가 있는 사람은 그 벽을 넘을 수 있게 해두는 게 좋다. 그러나 정당한 이유가 없는 경우는 이 벽으로써 거절할 수가 있다. 당신이 그런 벽을 쌓으면, 다른 사람들은 거기에 벽이 있는 것을 알게 되므로 당신으로서는 유효한 방어 태세를 취할 수 있다.

제1선의 방어벽을 넘어선 사람은 이번에는 두 번째 벽에 부딪힌다. 이것은 당신이 상황에 따라 만들어내는 성곽이다. 당신이 이 벽을 만들어두면, 타인은 당신과 공통점을 갖고 있거나 당신과 나눠 가질 중요한 무언가를 갖지 못하는 한, 절대 그 벽을 넘을 수 없게 된다.

본채는 가장 중요한 부분이다. 본채는 공간이 작긴 해도 마음이 이 본채 속에 피신하고 있을 때는 외부로부터의 어떤 영향도 받지 않게 된다. 그곳은 가장 심오한 사고가 가능한 장소이며, 외부 환경이 작용해도 사고를 흐트러뜨리지 않고 몰입할 수 있는 장소이다.

한편 그곳은 문제의 본질을 발견하고 해결법을 찾아내기에 적당한 장소이다. 그러나 사람들은 대체로 본채의 위치조차 알지 못한다. 위치를 모르기 때문에 사고는 항상 허공에 맴돌고 만다.

이 본채 속에서는 '나는 무엇을 할 수 있는가?'라는 의문에 대한 해답을 얻을 수 있다. 그러므로 그 본채에서 나왔을 때 어떤 문제에 부딪혔다면 '그건 해결할 수 있다'라는 점을 스스로 알 수 있으며, 실제로 그 일을 해낼 수도 있다.

처음에는 당신이 물리적으로 세상에서 도피하여 조용한 방에 들어가 앉든가, 먼 곳으로 갈 필요가 있을지 모른다. 이 일은 자기 마음속의 본채를 발견해내는 데 숙달되어 있는 사람이라도 일단 해볼 만하다. 사고를 중단시키는 물리적인 조건에서 벗어나기 위함이다.

그러나 몇 번씩 자기의 본채 속으로 도피해보면, 주위의 물리적 조건은 거의 방해물이 되지 않는 경지에 이른다. 그러면 주위에서 아무리 떠들어도 집중할 수 있게 된다. 많은 성공한 사람들이 그러했고, 나도 그 경험을 해왔다. 그들이 성공을 이루는 힘은 그것으로 설명이 가능하다. 그것은 훌륭한 기력 회복법이며 염력과 자신감과 신념에 새로운 생명력을 불어넣는 중요한 기술이다.

이 책에서 말하고자 함은 모두가 '위대한 비밀'을 풀기 위한 것들이다. 나는 그 '비밀'을 제1장 전체를 통해서 강하게 묘사하고자 노력했다. 이제 모두 읽어보았을 터이므로, 이미 그 '비밀'은 당신의 잠재의식 속으로 파고 들어가려고 할 것이다. 잠재의식은 기억한 것을 결코 잊지 않는다.

SUMMARY

자신에게 위기를 극복해내는 힘이 없다는 생각은 버려라

인생에서 성공하려면 자기의 행로를 미리 알아야 한다. 한편 자신의 마음을 완전히 파악해서 그것이 바로 자기라는 확실한 신념을 가지지 않으면 안 된다. 이를 깨달음으로써, 자신의 용기를 꺾으려 드는 외부의 어떠한 영향에 대해서든 맞서 싸울 수 있다.

어린이에게 말하는 '권위자의 음성'마저도 때때로 자기 자신을 아는 마음에 대해서는 무력하다. 나쁜 짓을 저지르는 어른이 되어버릴 가능성이 많은 어린이에게도, 그 아이가 커다란 장래성을 갖고 있다는 점을 알려주면 성실하게 성공으로 나가는 삶을 살도록 이끌 수 있다.

비 온 뒤에 땅이 더 굳어진다

인생을 살다보면 괴로운 일이나 실망하는 일이 자주 일어난다. 그러나 자기를 아는 마음은 성공에 대한 의식으로 가득 차 있으며, 그것은 결코 없어지지 않는다.

기한을 정해두면 큰 꿈을 달성하는 데 도움이 된다. 세계대전과 같이 개인으로서는 어쩔 도리가 없는 재앙이라도, 목표에 대한 강한 실현 의욕을 가진 사람에게는 아무런 장애도 되지 못한다.

성공 의식으로 가득 찬 마음은 기민하고 유능한 능력을 이끌어낸다

일단 마음속에 성공 의식이 자동 설치되면, 정규교육을 받았는지의 여부와는 상관없이 마음의 능력은 어느 정도의 수준까지 도달한다. 이루고 싶어하는 목표를 앞에 두고 그것을 어떻게 획득하느냐 하는 방법을 발견할 수 있다. 자동차 시대의 개척자건, 현대 컴퓨터 부품의 제조에 임하는 개척자건 마음을 기민하게 작용시키는 원리에서는 항상 변함이 없다.

성공 의식은 타인의 마음에도 불어넣을 수 있다

처절하게 좌절한 사람이라도, 성공 의식이 마음에 가득 찬 사람이 마음에 있는 큰 힘을 불러일으켜주면 성공 가능성을 소생시킬 수 있다.

성공을 확신하고 방해 작용에 대하여 걱정하지 않는 태도는 하나의 마음에서 타인의 마음으로 전파되어 언젠가는 무수한 사람들이 같은 목표를 공유하게 만든다.

마음의 성 안에 정신적인 성벽을 쌓아라

당신은 마음속에 삼중의 정신적인 성벽을 쌓을 수가 있다. 그것은 강철보다 강하다. 이 삼중의 벽 안에서 당신의 마음은 자기를 알고, 자기와 한 덩어리가 될 것이다. 그리고 자기가 가지고 싶어하는 건설적이며 좋은 영향을 흡수할 수 있다.

그뿐이 아니다. 불필요한 것, 부정적인 영향, 시간 낭비 등에 대해서는 강력히 방어해줄 것이다. 맨 안쪽의 벽, 본채 안에서는 당신이 항상 마음을 새롭게 가다듬을 수 있으며, 자신감과 신념으로 새로운 호흡을 할 수가 있다.

불행을 행복의 계기로 삼다 역경을 극복한 사람에게는 그를 능가하는 보상이 따른다 과거라는 망령으로부터 빠져나온 사람들 말한 대로 이루어진다 물질적인 부와 마음의 평안의 관계 자기의 성공을 위해 타인을 해치지 마라 자기의 언행과 경제력이 다른 사람들에게 도움이 되게 하라 일단 과거의 문을 닫았다면 다시는 열지 마라 조금만 더 나아가자

chapter **02**

과거로 향한
문을 닫고
성공을 향해
달리자

불행을
행복의 계기로
삼다

불운한 상황에 저했을 때는 그것을 과거의 일로 덮어두기로 하자. 당신의 마음은 언제나 미래로 향한 문을 열어 미래만을 바라볼 수 있도록 하자. 그렇게 하면 과거의 실패는 미래에서 행운으로 작용하여 당신을 행복으로 이끄는 손을 내밀 것이다.

부와 마음의 평안은 서로 밀접한 관계가 있다. 아무리 낮은 수준의 일을 하더라도 성공은 자기의 마음속에서 기다리고 있다. 사람은 자기의 일에 가치를 부여하여, 마음에 그린 것을 현실적인 것으로 만들어내는 힘을 갖고 있다. 그 힘에 시동을 걸어보자.

내가 미국 버지니아 주 와이즈 카운티의 가난한 소년이었을 때, 25센트짜리 복권을 산 일이 있다. 상품은 말[馬]이었는데 그것이 당첨되었다! 그 시절 농가에서 말은 대단히 가치 있는 재산이었다. 게다가 내가 복권에 당첨되어 받은 말은 아주 훌륭했다. 얼마나 굉장한 행운인가! 주위 사람들도 입을 모아 부러워하고 칭찬해주었으므로 나는 실컷 뽐내면서 말을 끌고 집으로 왔다.

나는 말을 마구간에 정성스레 매어두고 호밀과 옥수수 같은 먹이를 챙겨주었다. 그런데 그날 밤 말은 마구간을 박차고 도망쳤고 개울가로 가 물을 실컷 마신 모양이었다. 말에 대해 아는 사람이라면 짐작하겠지만, 말은 물을 너무 많이 마시면 죽을 수도 있는데 그 말 역시 죽고 말았다. 말의 시체를 끌어다 묻는 데만 그때 돈으로 5달러나 들었다. 행운의 여신이 들으면 배꼽을 쥐고 웃을 일이었다.

그러나 실패에도 뜻하지 않게 그것을 이용하는 방법이 따른다. 그날의 일을 두고두고 생각해보면, 역시 나는 운이 좋았음을 깨닫는다. 그 일이 있고부터 나는 어떠한 도박에도 눈길을 돌리지 않게 되었기 때문이다.

더 중대한 사건이 있었다. 한 사람이 생명을 잃었고, 더할 나위 없이 좋은 기회가 나에게서 날아나버렸으며, 더구나 나 자신마저 생명의 위험을 느꼈던 사건이었다. 그때는 무지막지한 재난이라고만 생각했으나 결국 나에게는 오히려 좋은 결과로 끝났다.

그 당시 나는 'The science of personal achievment'라는 최초의 성공 프로그램의 첫 원고를 막 완성시킨 때였고, 그것을 받아줄 출판사를 찾고 있었다. 드디어 오하이오 주 캔턴 시의 데일리 뉴스 사의 돈 R. 메레트 사장이 그 원고를 받아주기로 했다. 나의 파트너 겸 사업 매니저로서 나서준 셈이다.

한편 제1판을 발행하는 데 필요한 자금은 US스틸의 회장 엘버트 헨리 게리1846~1927가 맡아주기로 했다. US스틸은 당시 세계 최대의 기업이 었는데, 게리 회장은 회사의 중책을 맡고 있는 임원들이 그 프로그램을 1세트씩 구입하도록 해주겠다고 약속했다. 그 제의를 듣고 나는 하늘을 날 것 같았다.

그때쯤 데일리 뉴스 사의 메레트 사장은 자기 신문에 술 밀매업자와 경찰의 유착 관계를 폭로하기 위한 캠페인을 벌이고 있었다. 메레트 사 장의 소개로 게리 회장을 만나기로 한 사흘 전, 경찰관 한 명과 갱 한 명 이 메레트 사장을 습격하여 사살해버렸다.

그들은 내가 메레트 사장과 친숙한 사이였으므로 나도 캠페인에 관 여하고 있다고 생각한 모양이다. 만약 내가 메레트 사장과 함께 있었다 면 총에 맞았을지도 모른다. 불행 중 다행히 몇 시간의 차이로 나는 그 들의 총알을 피할 수 있었다. 그러나 나는 몸을 숨겨야 했다. 1년이 지나 서야 겨우 범인들이 체포되어 재판에 회부되었고 종신형을 선고받았 다. 한편 게리 회장은 그동안에 병사하고 말았다.

그리하여 나의 계획은 몽땅 물거품이 되고 말았다. 은신하고 있는 사 이에 귀중한 시간을 낭비한 것은 물론, 출판해줄 사람도 없어졌다. 원점 으로 되돌아간 것이다. 아니, 오히려 그보다 더 후퇴해버렸다.

나는 정신을 차려서 처음부터 다시 시작하기로 했다. 행운은 또 찾아왔다. 출판해줄 사람을 찾은 것이다. 그 경위에 대해서는 에피소드가 있으나 다음 기회로 미루기로 하자.

만일 그런 참혹한 사건이 일어나지 않고 게리 회장의 제안대로 프로그램이 US스틸 사내에 배포되었다면 어떻게 되었을까? 어쩌면 나는 대기업의 도구로 안주하지 않았을까? 나는 그 점을 깨닫게 된 것이다.

대기업이 인류를 위해 보다 나은 사회를 만들어야 하는 본래의 사명을 잊었을 때 나는 그 기업에 대한 비판을 서슴지 않는데, 만약 내가 대기업의 심부름꾼이 되었다면 그런 비판을 하는 데 망설이지 않을 수 없었을 것이다.

역경을 극복한 사람에게는
그를 능가하는
보상이 따른다

당신은 이 제목을 기억해둘 수 있겠는가? 카드에 적어 그것을 늘 주머니 속에 넣어두고 매일 읽어보면 좋을 것이다. 많은 사람들의 마음을 편안하게 해주는 열쇠가 들어 있기 때문이다. 내가 조금 전에 말했던 '위대한 비밀'에 가까운 것이다. 이 말을 당신의 잠재의식 속에 심어두면 좋을 것이다.

후회스러운 일이나 괴로운 추억 또는 억울함이 남아 있다면, 자신의 과거로 향한 문을 닫으라! 꼭 그렇게 하라. 당신은 부와 마음의 평안을 구하고 있다. 부를 향하는 길도 마음의 평안을 구하는 길도, 그 불쾌한 추억이 남아 있는 묘지 한가운데를 지나가지는 않는다.

당신이 마음의 평안을 얻게 되면, 거기에 맞지 않는 어떤 사고나 마음

의 반응도 자동적으로 거절하게 될 것이다. 당분간은 그 훌륭한 마음의 사령부에 도달하도록 노력해나가면 좋겠다.

더불어 부정적인 마음의 영향을 피하도록 하자. 특히 인생에서 모든 광명을 빼앗고 황금의 광채를 강탈해버릴 만한 후회의 그림자 속으로 들어가는 일은 절대로 해서는 안 된다.

과거라는 망령으로부터 빠져나온 사람들

괴로웠던 경험, 실망, 좌절의 문은 닫아버려라! 그리하면 멋진 마술사인 '시간'이 과거의 슬픔이나 실패를 순식간에 없애주고, 그 대신에 성공과 행복을 얻을 기회를 가져다준다.

크누트 함순1859~1952은 노르웨이에서 이민 온 사람이었는데 미국에서 하는 모든 일이 실패의 연속이었다. 절망에 빠신 그는 괴로움을 소설로 써냈다. 제목은 『굶주림』이었는데, 이 작품으로 큰 반향을 일으키고 작가로서 가치를 인정받았다. 자신의 고생 경험이 부와 명예를 안겨준 것이다. 1920년, 그는 『땅의 혜택』으로 노벨문학상을 받았다.

해리 S.트루먼1884~1972은 남성 의류점 경영에는 실패했지만, 그때 자기 스스로 실패자라는 낙인을 찍었다면 나중에 대통령이 되지 못했을 것이다.

마찬가지로 점포를 운영했던 다른 사람의 실례도 있다. 점포가 망하자 그는 측량기사가 되었는데, 그 일 또한 실패하고 말았다. 그는 측량기구를 팔아치워서 빚을 정리하지 않으면 안 되었다. 그가 다음으로 선택한 직업은 군인이었다. 그는 인디언과 싸우는 군대에 들어가서 대대장의 지위를 얻었다. 그러나 군인으로서의 성적이 너무도 나빴으므로 곧장 병졸로 강등되어 제대하고 말았다. 그리고 나서 그는 어느 여인과 열렬한 연애 끝에 결혼을 했다. 그러나 아내가 곧 죽어버려 그는 정신적인 충격을 받고 방황해야만 했다. 다음에 그는 변호사가 되었다. 그렇지만 변호사로서도 이렇다 할 활동이 없었다. 결국 그는 정치가가 되기로 했고 드디어 입후보했으나 낙선했다. 그러나 그는 몇 번이고 도전하여 겨우 당선되었다. 그리고 마침내 이 남자는 대통령이 되었다.

이는 전혀 기대할 수 없었던 일이었을까? 어떤 의미에서는 그러하며 또 어떤 의미에서는 그렇지 않다. 만일 그 남자가 쇠사슬을 질질 끌고 걸어가는 죄수처럼 실패와 절망을 마음속에 담아두었더라면 대통령이 되는 것은 불가능했을 것이다.

과거의 실패를 업고 살아가는 사람들은 과거라는 망령을 뒤집어쓴 죄수로서, 실패자라고 하는 이미지를 깨뜨리지 못한다. 하지만 그 남자는 실패를 깨끗이 씻어버리고 잊었다. 그러므로 그 남자의 성공은 기적도 천운도 아니었다. 그런 일은 누구에게나 허용되는 특권이다. 대통령이 된 그 남자는 자신에게 온 특권을 잘 활용하였을 뿐이다. 만일 그 특권을 활용하지 않았다면 역사에 기록된 그 위대한 업적을 남기지 못했을 것이다. 이제 그가 누구인지 당신도 알아차렸을 것이다. 그는 에이브러햄 링컨이다.

삶을 살아가면서 인간은 위대한 '플랜' 모두를 통찰하지는 못한다. 그러나 비탄과 좌절이 닥쳐올 때마다 그것을 마침내 찾아올 더 풍요롭고 멋진 삶을 위한 단련이라고 생각하면 된다.

우리 삶에는 가지각색의 환경 변화가 끊임없이 일어나는 법이다.

혹시 실연해본 경험이 있는가? 그 일을 겪었을 때, 당신의 마음은 글자 그대로 산산조각이 나버린 듯한 느낌이 아니었는가? 이 세상은 살아가기에 너무나 힘들며 전혀 살맛이 나지 않는 곳이라고 생각하지는 않았는가? 수면제를 한입 가득 털어넣고 모든 것을 끝장내려고 하지는 않았는가? '이 세상에 과연 나를 버린 그 아름다운 사람을 대신할 이가 있을까?' 저 깊은 가슴속에서 그런 일은 결코 있을 수 없을 거라며 통곡하지는 않았는가?

나도 그런 경험이 있다. 지금 생각해도 무척 가슴이 아프다. 나는 그녀와 자주 다투었다. 사랑하기 때문이었다고 말할 수 있을지도 모른다. 그러던 어느 날, 나와 심하게 다툰 후 그녀는 나를 버리고 사라졌다. 그리고 다른 남자와 결혼을 했다.

5년 후, 그녀의 남편은 자살하고 말았다. 부부 사이가 좋지 못했던 모양이다. 남편은 아내와의 사이에서 벌어지는 끊임없는 정신적 마찰을

견디지 못하고 죽음을 선택했다.

한편 나는 그 괴로운 실연의 뒷전에서 이상적인 아내를 만날 수 있었다. 만일 내가 실연당했던 그 여자와 결혼했다면 어떻게 되었을까? 나 역시 고통을 받으며 죽음을 선택하지 않았을까?

세상에서 '불리한 조건'이라고 생각되는 점이라도 그것을 오히려 '은혜'로 반전시킬 수 있으며, 또한 실제로 은혜라는 형태로 실현해내는 일이 가능하다. 당신은 이것을 꼭 기억하기 바란다. 그대의 역경은 성공을 위한 단련임을.

토머스 에디슨은 정규교육을 거의 받지 못했다. 보험회사를 설립해서 성공한 W.클레멘트 스톤은 고등학교를 중퇴하였다. 이처럼 정규교육을 제대로 받지 못했어도 성공한 사람은 아주 많다. 그런 점으로 보자면 학교 교육을 받지 못한 것이 불리한 조건이라고는 할 수 없다. 결국 사람 나름이라는 이야기가 된다.

청각장애를 앓은 에디슨을 보자. 어린 에디슨이 열차 안에서 장사를 할 때 누군가 에디슨이 팔고 있던 상품과 함께 그의 귀를 세게 끌어당기는 바람에 귀가 멀게 된 것이다. 겨우 들릴까 말까 하는 정도의 청력밖에 없었음은 분명히 커다란 핸디캡이었을 것이다. 그러나 그것 역시 사람 나름이다.

어쩌면 그는 이러한 가혹한 경험을 끌어안은 채로 평생을 살았을지도 모른다. 다른 사람들이 곧잘 그러하듯 자기의 에너지를 운명에 대한 한탄으로 거의 소모할 수도 있었다. 그러나 그는 그렇게 하지 않았다.

내가 그를 만나러 갔을 때 그는 보청기를 끼고 있었다. 지금 생각해보면 무척 낡은 보청기였다. 서로 마음이 통하는 느낌이 들었을 때, 나는 그에게 청각장애가 혹시 큰 핸디캡이 되지는 않느냐고 물어보았다. 그러자 그가 대답했다.

"천만에요. 귀가 멀어서 나는 아주 좋습니다. 쓸데없는 잡담을 듣지 않아도 되니까 말입니다. 그 대신 마음의 목소리를 듣는 일이 가능해졌습니다."

마음의 평안을 구하는 사람이라면, 그가 말한 "마음의 목소리를 듣는다"라는 의미를 되새겨주기 바란다.

신체의 부자유를 장점으로 바꿈으로써 그는 인간의 마음속에 깃들어 있는 신비한 힘의 파장을 듣는 방법에 익숙해진 것이다. 그는 한편 자기 마음속에서 나오는 '무한한 예지'의 소리를 알아듣게 된 까닭에, 거기에서 실제로 많은 것을 받아들이고 발전시킬 수 있었다.

역경 가운데는 모두 그에 상응하거나 그보다 큰 이익의 씨앗이 담겨 있음을 기억하라.

말한 대로
이루어진다

나는 3만 명의 남녀를 상대로 실패와 패배에 직면했을 때의 내구력耐
久力을 조사한 일이 있는데, 그 조사를 통해 대다수의 사람들이 단 한 번
의 좌절로 패배감이 온몸에 젖어버린다는 것을 알게 되었다. 다음으로
많은 비율을 차지하는 것은, 결과를 아직 확실히 파악하지 못한 상태에
서 높은 목표를 추구하고는 금방 포기해버린다는 것이다.

또한 패배는 환경에서 오는 것이 아니라, 사람들이 과거로부터 끌고
온 패배감에서 기인한다는 점을 알아냈다. 과거의 문을 닫는 대신 사람
들은 기회가 있을 때마다 그 문을 향해 되돌아가곤 한다. 그런 유형에
는, 포드나 에디슨처럼 시련을 딛고 성공한 사람들은 해당되지 않는다.

아서 데시오라는 남자가 있었다. 그는 재산을 몽땅 탕진해버린 데시

오 집안의 실패를 딛고 발돋움하여 새롭게 집안을 일으킨 사람이다.

그의 가업은 트레일러하우스를 판매하는 일이었다. 부친이 죽고 사업을 물려받은 것은 그의 나이 20세 때였다. 아버지가 장사를 할 때에도 시원찮았는데 풋내기인 그가 물려받았으니 결과는 더욱 뻔했다. 보통 사람들 같았으면 곧 가게를 정리하고 사업을 그만두었을 것이다. 그러나 데시오는 그러지 않았다.

인디애나 주 엘크하트 카운티의 철도 연변에 있는 차고에서 사업을 시작한 데시오는 소형이면서도 운반이 간편한 트레일러하우스를 차례로 설계했다. 물론 조사를 통해 시장 수요를 파악한 후의 일이었고 그것이 성공의 기반이 되었다. 당시로서는 아직 세상에 알려지지 않았던 제너럴 모터즈 방식, 다시 말해서 수요에 맞추어 모델을 자주 바꾸는 방식이었다.

그 시절에는 신혼 가정과 은퇴한 부부가 가족 구성의 큰 비중을 차지하고 있었다. 그 두 계층이 트레일러하우스의 주요 구매층이었는데, 데시오는 그 점을 꿰뚫어보았다. 트레일러하우스의 제조를 거기에 맞춘 것이다.

판매 대리점 네트워크도 만들었다. 대리점에 네 가지의 트레일러하우스를 구입하게 하여 서로 경쟁을 시킨 것인데, 이러한 노력을 통해 4년 안에 그의 회사는 판매고를 500퍼센트나 신장시킬 수 있었다. 4년간 그가 벌어들인 돈은 500만 달러를 넘었다고 한다.

　몇 년 전에 실시한 조사에 따르면, 인생과 실패와의 관계는 참으로 분명하다. 그것은 사람들이 실패를 실패로 끝내는 것이 아니라 실패와 함께 살아간다는 점이었다. 그들은 항상 실패에 대해 이야기했다. 비록 화제가 바뀐다 해도 언제나 대화의 본질은 실패였다. 그들의 생존 방식은 과거형이며, 옛날 이야기를 함으로써 아픔을 씻으려고 했다.

　그러나 성공한 사람들은 미래형으로 이야기한다. 그들의 눈은 지나간 일이 아니라 항상 다가올 미래에 쏠려 있다. 그리고 큰 꿈과 목표를 향해 나아간다.

　그 점은 내가 카네기의 지시에 따라 성공 법칙의 체계화를 위해서 공동 작업을 할 때 협조를 얻어낸 507명의 성공인들에게서도 느꼈던 점이다. 그 성공한 사람들은 '미래를 향한' 이야기를 하고 있었다. 실패는 뒤에 팽개쳐두면 절대 따라오지 않는다는 점을 알고 있었기 때문이다. 나는 그들의 대화에서 실패라는 말을 찾아보지 못했다.

나는 마음의 평안과 매우 밀접한 관계가 있는 성공과 실패에 대한 또 하나의 특징을 알아냈다. 마음에 적의와 타인에 대한 부러움이 가득한 사람은 마음의 평안을 갖추지 못했음이 분명하게 드러났다. 적의와 선망은 자기의 인생을 고통스럽게 만든다. 실패한 사람은 타인의 성공하는 모습이 조금만 비쳐도 시기와 증오로 자신을 괴롭힌다.

성공한 사람들과 대화할 때마다 느끼는 점은, 그들은 뒤에서 따라오는 사람들을 호의적으로 보고 있다는 사실이다. 그들의 태도에는 질투 따위가 전혀 없으며, 타인에게서 무언가를 배우려는 자세로 일관한다. 한편 실패한 사람은 성공한 사람에게서 어느 구석에라도 결점이 없는지 그것을 찾는 데만 혈안이 되어 있다. 그 사람에게서 아무런 약점도 발견하지 못하면 비즈니스 이외의 개인적인 면에서 약점을 찾으려고 하며 적의를 노골적으로 드러낸다. 그런 짓을 하다보면, 안타깝게도 자기 자신의 마음만 불안에 휩싸이고 평안을 얻지 못한다.

물질적인 부와
마음의 평안의
관계

물질적 풍요와 마음의 평안과는 과연 어떤 관계가 있을까?

그에 대한 대답은, 관계가 있으나 절대적인 것은 아니라는 것이다. 가난하더라도 마음이 평안한 사람도 분명히 존재한다. 물론 매우 드문 현상임은 사실이다.

억만장자가 될 필요까지는 없겠지만 충분한 재력을 갖추지 않은 채 자신의 영혼을 지배하기란 매우 어려운 일이다. 다음 한 끼의 식사를 어떻게 해결해야 할지, 구두를 어디서 고쳐야 할지, 치과 청구서를 어떻게 처리할지, 에어콘 없이 더운 여름 밤을 어떻게 견딜지 등등의 일들을 걱정하다보면 마음이 평안해질 수가 없다.

재력이 없기 때문에 환경이 나쁜 지역에서 살 수밖에 없으며, 그래서 아이들에게 나쁜 영향을 줄지 모른다는 걱정을 한다면 마음의 평안을 누릴 수 없다. 때로는 아름다운 물건을 사서 그것을 소중하게 다루는 것도 당신의 마음을 위해 필요한 일이다. 휴가를 즐겁게 보내는 것도 마찬가지다. 한 번 볼 값어치가 있는 영화나 쇼를 감상하는 것도 마음의 양식을 위해 도움이 될 것이다.

부富는 삶에 있어 긍정적인 요소로 작용한다. 당신의 머릿속에서 언제든 뛰어나가기 위해 기다리고 있는 여러 가지 감각으로서는, 부야말로 햇볕과 같은 좋은 영양원이다. 어쩌면 그것은 유일한 영양원이라 해도 과언이 아니다.

그 감각들은 대단히 멋진 것, 아름다운 것을 보았을 때의 고상한 감동과 닮았다. 또한 부가 없으면 체험하지 못할 지고한 감각들이다. 물론 평범한 생활을 하더라도 그 나름의 감각을 가지지만, 그 이상의 감각은 느끼지 못한다. 현대 문명을 마다한 채 대자연의 품 안에서 살아가는 사람을 보면, 부를 갖지 못했지만 많은 가치 있는 감각을 갖고 있음을 볼 수 있다.

그렇다고 해서 "나는 부자가 되지 않아도 내가 원하는 것은 모두 얻을 수 있다"라고 자기 변호를 하면서 그저 그렇게 나날을 낭비만 하고 있을 것인가?

가만히 생각해보자. 대자연에 파묻혀 사는 사람들과 문명 생활을 하는 우리들은 사회적인 구조부터 다르다. 당신과 그 사람들이 살던 곳을 서로 바꾸어 새로운 환경에 놓았다고 가정해보라. 마치 장기판의 장기

알처럼 맞바꾸었다고 말이다. 처음 며칠 동안은 양쪽 모두가 새로운 환경을 신기하게 여겨 즐겁게 보낼지도 모른다.

그러나 언젠가는 "아, 이런 곳은 정말 싫다"고 외칠 것이다. 그리고 95퍼센트 이상은 원래 살던 곳이 좋다며 바람처럼 되돌아가버릴 것이다. 그것이 현실이다. 물론 처음에는 멋진 느낌을 맛볼 수 있는 것도 사실이므로 그런 체험을 해보는 것도 좋을 것이다. 그렇게 함으로써 마음이 풍요로워질 수도 있다.

그렇다면 어떻게 그런 낙원에 도달할 수 있을까? 그리고 어떻게 되돌아올 것인가? 그런 생각을 하다보면, 역시 전제되는 것이 없으면 아무 일도 하지 못함을 알게 된다.

부를 갖춘 많은 사람들이 마음의 평안을 누린다고 해서 놀랄 일은 아니다. 그러나 마음이 편하지 못한 부자도 많다. 언제 재산을 빼앗길지 몰라 항상 조마조마하며 사는 부자에게 마음의 평안은 그림의 떡이나 다름없다.

조금 다른 얘기겠지만, 나는 상당한 부를 누릴 때에 커다란 실패를 경험한 적이 있다.

나는 나 자신이 최종적으로 체계화시킨 성공의 비법을 스스로 활용하여 부를 얻었다. 그 효과는 확실했고, 나는 넓고 고급스런 집에서 살 수 있었다. 그리고 고급 자가용을 굴리며, 그 밖에도 부의 상징이라고 할 만한 것들에 파묻혀 살게 되었다.

아마도 나는 같은 시대의 부유층들을 흉내 내고 있었을 것이다. 그 시

절에는 돈이 있는 사람이라면 마치 그것을 과시해야 하는 것처럼 여겨지던 시대였다. 지금은 억만장자라고 해서 그다지 거들먹거리지는 않는 시대가 되었다. 그런 관념도 시대에 따라서 달라지는 것이다.

나는 세일즈맨들의 트레이너로서 명성을 날렸다. 그 밖의 사업에서도 계속 큰 이익을 냈으므로, 나는 소위 말하는 대부호 중의 한 사람으로 손꼽히게 되었다. 나는 롤스로이스를 타고 다니는 게 마치 의무인 양 생각했다. 나는 급기야 롤스로이스를 두 대나 굴리게 되었고, 그 차는 뉴욕의 고급 주택가에 있는 호화로운 집 차고를 들락거렸다.

그 집은 나의 성공의 상징이었다. 대저택을 유지하려면 관리인들을 고용해야 했고 그 사람들을 관리하는 집사도 필요했다. 사치스러운 저녁 식사도 만들어야 했다. 이 호화로운 생활은 존 D.록펠러도 무릎을 꿇고 고개를 숙일 정도였다.

어느 날 저녁, 나는 바비큐 성찬을 준비해놓고 사람들을 초대했다. 대강 100명 정도 올 것으로 예상했는데 모인 사람들은 무려 3천 명이나 되었다! 때문에 사방 3~4킬로미터 부근까지 교통 혼잡을 빚어서 교통 경찰이 두고두고 그 일을 트집 잡을 정도였다.

집 안에 있던 클럽 하우스는 평상시에 40명 정도가 넉넉하게 숙박을 할 수 있는 규모였는데 언제나 만원이었다. 언젠가는 초대받지 않은 사람이 내 침실에 들어온 일도 있었다. 낯모르는 사람이 내 침대에서 편히 잠들어 있는 모습을 보는 기분이라니, 정말 어이가 없었다. 더구나 그는 한 벌밖에 없는 내 잠옷까지 입고 있었다.

언덕 위의 대저택에 관한 이야기는 이 정도로 끝내자. 그 집은 1929년의 대공황 때 헐값에 처분했다. 그것은 내가 처음으로 겪은 시련이었다.

최초의 충격에서 다시 일어난 나는 얼마나 속이 후련한지 몰랐다! 걱정거리로 무거워져 있던 마음이 평안을 찾은 것이다. 그리고 마음에 새로운 힘이 넘쳤다.

그 공황 때문에 내 친구들 세 명도 큰 타격을 입었다. 그러나 그들의 부채를 모두 합쳐도 내가 그 저택을 처분한 액수에는 미치지 못했다. 말하자면 대단한 부채가 아니었던 것이다. 그렇지만 그들은 '역경 가운데는 모두 그에 상응하거나 그보다 큰 이익의 씨앗이 담겨 있다'는 법칙을 믿지 않았다.

한 친구는 월 스트리트의 고층빌딩 옥상에서 뛰어내려버렸고, 또 한 사람은 권총으로 자신을 쏘았다. 그리고 나머지 친구는 허드슨 강에 몸을 내던졌다. 그의 시체를 찾는 데는 6주일이나 걸렸다.

나는 다시금 재산을 모았다. 그것은 당연한 일이었다. 나는 PMA 프로그램의 법칙을 믿었기 때문이다. 저택은 잃었어도 지혜까지 잃지는 않았다. 그 지혜란 PMA 마인드를 갖고 있으면 인간이 설정한 어떤 소원이나 목표를 꼭 달성할 수 있다는 정신이었다.

그날 이후 나는 마음 편하게 살고 있다. 이제 다시는 부를 뽐내지도 않는다. 사람들의 눈길을 끌 정도의 사치스런 치장은 내게 있어 아무런 의미도 없다.

자기의 성공을 위해
타인을
해치지 마라

대저택 생활에서 얻은 경험은 나에게 뼈저린 반성의 기회를 주었다. 그 경험은 나에게 '적극적인 인생의 결실'이라고 할 만한 몇 가지를 가져다주었다. 그중 하나는 책을 쓸 시간적인 여유가 늘어났다는 것이다. 저술 활동은 나의 정신을 윤택하게 해주었으며, 한편으로 다른 여러 사람에게도 윤택함을 전달해주었다. 그러므로 그것은 경제적 풍요로움 이상의 은혜를 나에게 가져다준 셈이다.

앤드류 카네기는 자신의 막대한 재산을 도서관을 짓는 데 기증하려고 결심했을 때 더욱더 큰 마음의 평안을 찾았다고 말했다.

자기의 언행과 경제력이 다른 사람들에게 도움이 되게 하라

　나는 이 점을 인생의 이른 시기에 습득했다는 것을 매우 고맙게 생각한다. 사람은 자신의 무한한 가능성을 발견하고 그에 따라 많은 부를 얻는 방법을 찾아내면, 때로는 저울이 자기 쪽으로 기울도록 유리한 방법을 찾게 되기도 한다. 푸줏간 주인의 손이 자신의 이익을 조금이라도 더 챙기기 위해 저울 위의 고기를 조금 덜어내려는 것과 같은 이치이다.

　나는 부도덕한 방법으로 부를 늘릴 기회를 몇 번 가졌지만, 만일 그 부도덕한 기회를 이용했다면 마음의 평안을 잃었을 것이다.

　앤드류 카네기의 부탁을 받고 내가 인터뷰한 사람들 중에는 실업계의 해적이랄 수 있는 사람도 적지 않았다. 나중에 안 일이지만, 그들이 타인에게 강제로 빼앗거나 타인을 희생시킨 행위는 결국 그들 자신을

망치게 하고 말았다. 그들은 옳지 못한 방법으로 부를 얻으려고 함으로써 잃은 것이 더 많은 결과를 낳았다. 실형을 산 사람도 있으며 형을 면제받기 위해 막대한 소송비를 지불한 사람도 있다.

정직한 사람들이 제대로 상대해주지 않게 되면, 마음의 평안 같은 것은 사라져버린다. 모든 일을 돈으로 처리할 수도 있겠지만 마음은 오히려 정반대로, 거지보다 더 지독한 불행을 맛보게 될 것이다.

내가 주관한 세미나에 참가한 사람들 중에는 부도덕하거나 비즈니스 법도에 어긋나는 일을 해온 사람들도 끼여 있었다. 나는 그들과 대화를 해보았는데 그들은 새롭게 시작하기를 원했다. 그들은 자신이 도덕적이고 정상적인 방법으로 부를 얻게 된다면 속이 켕긴다든지 왠지 떨떠름하다는 느낌이 사라져주지 않을까 하는 공통적인 생각을 갖고 있었다. 또 자신이 그렇게 할 수 있을지에 대해서도 고민하고 있었다.

나는 그들에게 과거로 열려 있는 문을 닫기만 한다면 가능하다고 대답했다. 정직하지 못했던 일은 잘못된 것으로 인정하면 된다. 아니, 일종의 재난으로, 그것도 과거의 재난으로 받아들이면 좋겠다고 말했다.

이는 중요한 포인트이며 여러 측면에 응용할 수가 있다. 부정직했던 일뿐만 아니라 과거에 있었던 좋지 못한 일들은 그것이 어떤 일이든지 과거에 놓아두고 올 수 있다. 마치 어떤 사람이 어느 장소에서 아무 일도 없이 사라져버리는 것과 마찬가지다.

나는 그런 사람들에게 새로운 '자기'를 발견하게 된 것이라고 가르쳤다. 과거는 아무런 문제가 되지 못한다.

이 세상에는 쓰라린 경험을 통해 부정직이 옳지 않다는 것을 체득한 사람이 많다. 그런 사람들에게는 좋은 교훈이 될 것이다. 다시 한 번 시작해서 눈부신 미래를 이룩하기에 충분한 시간과 폭넓은 세계가 거의 모든 사람에게 존재함을 당신도 기억하기 바란다.

물론 예외도 있다. 악명 높은 갱 알 카포네1899~1947는, 대공황 시절 무료 수프 배급소를 차리고 거기에서 많은 실업자들의 배를 채워주었다. 그는 배급소를 여러 군데 만들었다. 그것을 마치 자신이 저지른 악행의 면죄부로 삼고 싶었거나 마지 못한 선행의 증거로써 과시하고 싶었던 모양이다.

내 의도는 물론 그런 식의 허식에 가득찬 행위를 지칭하는 것이 아니다. 오히려 죄를 저지르고 복역한 O.헨리1862~1910. 미국의 단편 작가. 은행원 시절에 공금 횡령죄로 고발당했으나 도망했다. 아내의 위독함을 알고 귀가하다 체포되어 3년간 복역했다. 출감 후에 600여 편의 작품을 집필했다와 같은 사람에 대해 생각해보면 된다. 그는 경험에 의해 자기를 발견했음에 틀림없다. 왜냐하면, 그 사람이 인간의 본질에 깊은 이해를 가진 훌륭한 작품으로 세상에 알려진 것은 복역한 다음의 일이었기 때문이다.

일단
과거의 문을 닫았다면
다시는 열지 마라

사랑하는 사람의 죽음은 결코 극복할 수 없다는 말을 들은 적이 있다. 이는 인생의 모든 환경, 희로애락이 현재의 자기를 형성하는 데 영향을 주기 때문에 나오는 말이다. 그러나 그런 일이 당신을 어떻게 만드는가 하는 문제는 스스로 충분히 조절할 수 있다. 그 점을 기억하기를 당부드린다!

사랑하는 사람이 죽었는데 슬퍼하지 말라는 말은 않겠다. 눈물과 슬픔은 넘치는 감정을 조절해주는 안전핀으로, 하늘이 내린 선물이다. 그러나 많은 사람들이 슬픔을 향해 열어놓은 문을 닫는 데에 너무나 오랜 시간을 보낸다. 때로는 평생 열어두는 사람도 있다.

우리들은 입버릇처럼 말한다.

"우리 힘으로 막을 수 없는 것을 아무리 걱정한들 무슨 소용이 있겠는가!"

말은 그렇게 하면서도 지인의 죽음에 대해 무척 오랫동안 눈물 지으며 슬퍼하고, 더구나 자신의 감정을 추스리지 못하는 사람이 많다.

사람의 신체는 여러 가지 원자로 구성되어 있기에 다시 원래대로 돌아간다. 나는 사람의 영혼도 우리들이 알지 못하는 처음의 그곳으로 돌아갈 것이라고 생각한다.

그러니 생명의 이치를 자연스럽게 받아들이자. 사랑하는 사람이 저 세상으로 떠났을 때의 괴로운 심정을 계속 안고 있을 것이 아니라, 적극적이고 활기찬 생각으로 바꿔 힘차게 떨치고 일어나야 하지 않겠는가?

인생에서 커다란 사랑의 표현은 단 한 가지, 바로 결혼이라는 의견도 있다. 결혼 그 자체가 하나의 사랑이라고도 한다. 나 역시 결혼이 하나의 애정 표현이라는 점은 믿고 있으나, 그것이 행복과 꼭 일치한다고는 생각지 않는다.

사람은 누구나 행복해질 권리가 있다. 현재 이렇게 살아가는 인생은 누구의 것도 아닌 자신의 인생이다. 만일 실패한 결혼임을 알고도 그냥 그대로 살아간다면 영원히 실패한 삶을 살 수밖에 없다. 당신의 미래는 어둡고 막막한 불행의 그림자가 드리운 채 괴로움에 시달릴 것이다. 그러므로 때로는 결혼에 대해서도 과거의 문을 닫지 않으면 안 될 경우가 있다. 문을 닫은 다음에는 스스로가 인생의 값진 성공을 구하며 나아가면 된다. 물론 함부로 경솔한 판단을 내리라는 뜻은 아니지만, 과거의 문을 닫는 습관이란 다른 여러 가지의 습관 중에서도 가장 위대한 습관이라고 하겠다.

어리석은 과거를 떨치고 일어남으로써 당신은 더욱더 자기 자신의 삶을 살아나가게 된다. 다시 말해서 자기 자신의 모습대로 자신의 삶을 살게 된다는 말이다. 그러면 어떠한 소망이든 목표든, 그것을 달성하기 위한 마음을 제대로 정립할 수 있게 된다.

조금만 더
나아가자

"분노의 감정을 떨쳐버리는 데 뭔가 좋은 방법이 없겠는가?" 하고 묻는 사람이 많다. 그중에서도 특히 비즈니스나 경력과 관계가 있는 경우는 어떻게 하면 좋을 것인지에 관한 질문이 많다. 가장 좋은 방법은 이 것이라고 생각한다.

"조금만 더 나아가사!"

말하자면 현재 주어지는 급여나 보수보다 더 많은 서비스를 하는 것이다. 자기가 꼭 해야 할 일에다 조금만 더 노력하라는 의미이다. 직장인이라면 회사가 당신에게 요구하고 있는 것 이상의 일을 하는 것이다.

대규모 인쇄회사에서 견적 업무를 맡고 있던 사원의 이야기이다. 그는 고객이 글자 디자인에 대해서는 별다른 주문이 없었기에 고객이 원하는 만큼만 일을 하였다. 따라서 그는 시키는 대로만 하면 되므로 일하기가 수월했다. 그러나 그런 태도로는 그 분야에서 프로의식을 갖춘 사람이라고는 볼 수 없다. 나는 그에게 그 점을 지적해주었다.

그는 나의 충고를 받아들여 편집에 대한 공부를 시작했다. 그렇게 해서 배운 지식은 드디어 인쇄물의 품질에 영향력을 나타냈다. 고객들이 멋진 완성품의 품질에 주목하기 시작한 것이다. 고객에게서 "아주 훌륭한 인쇄물을 만들어주었다"는 찬사도 받게 되었다. 그래서 그의 상사는 이 젊은 사원이 회사의 가치를 올리는 데에 어떤 기여를 했는지를 알게 되었다.

그 청년은 그때까지는 회사에서 거의 두각을 나타내지 못하는 사람이었지만 이제는 그 회사의 중역이 되었다. 그 청년은 적은 급여와 인정받지 못하던 상황에서 자기 자신을 구출해낸 것이다.

의류 매장에서 일하던 어느 여성은 자기의 급여 수준으로 봐서 손님에게 선반에 놓인 것을 팔면 그만이라는 생각을 하고 있었다. 그것으로 자신이 받는 급여에 해당하는 일은 충분히 할 만큼 했다는 생각이었다.

어느 날, 한 고객이 원하는 물건의 재고가 있는지를 알아봐달라고 부탁했다. 부탁하는 태도가 마음에 들고 무척 간절했기에 그녀는 그 물건을 찾아나섰다. 평소에는 그런 일이라면 전혀 나서지 않던 그녀였다. 그렇게 해서 겨우 그 물건을 찾아낸 그녀는 '가슴이 부푸는 느낌'이었다고 했다. 그날 이후 그녀는 자기에게 그다지 이익이 되지 않더라도 고객을 위해 적극적으로 일하게 되었다. 매장에 나와 있지 않은 상품이 있음을

알려주거나, 손님이 원하는 제품을 특별히 마련해놓는 배려도 잊지 않았다.

얼마 지나지 않아 그녀에게 고정 고객이 생기게 되었다. 손님들은 그녀의 응대를 받기 위해서 기꺼이 기다려주기도 했다. 그런데다가 구입 담당 측은 그녀의 상품 지식을 높이 평가해 의견을 들으러 오기도 했다. 그녀는 이제 구입 담당이 되어서 화려한 경력이 붙게 되었다.

"성공하기 위해서는 두 가지의 요소가 필요합니다. 바로 일과 자기 자신입니다. 자기 자신이어야 한다는 것은 언제나 가장 중요한 요소입니다."

그녀의 말이다.

조금 앞서 나아간다는 것은 그 자체가 강장제 역할을 한다. 자기가 해야 하는 것 이상으로 자진해서 일을 해보려는 적극성은 부를 얻은 사람, 훌륭한 리더, 행복하고 심성이 풍부한 사람의 인격을 증명해주는 것과 마찬가지여서 그런 사람은 매일 인생에 어떤 가치 있는 요소를 쌓아나가게 마련이다.

자기가 사다리의 다음 단계로 오르고 있음을 상상하고, 한 계단 위로 올라가고 나면 다시 몇 단계 위에 올라 있음을 상상해보라. 그리하면 머릿속에 뚜렷한 이미지가 떠올라 당신을 그곳으로 데려다준다. 예를 들어, 좀 더 해낸 데 대한 대가가 없다 하더라도 당신의 적극적인 마음은 용기와 연구심을 길러주어, 자기에게 맞지 않는 일을 과감히 떨쳐버리고 상상하던 새로운 일을 발견하게 만들 것이다.

어디에서 시작할 것인지는 어디에 도착할 것인가에 비하면 그다지 중요한 문제가 아니다. 더구나 큰 계획을 생각하고 '행동'을 보여주는 것은 먼저 마음속에서 일어나는 현상이다.

다시금 나는 '위대한 비밀'을 여러 가지 방식으로 설명해보았다. 당신은 아직 그것을 완전히 자기 것으로 못 받아들였을 수도 있지만 이제부터 각 장을 읽어나가다보면 당신의 강력한 우군이 될 것이다.

SUMMARY

역경 가운데는 모두 그에 상응하거나 그보다 큰 이익의 씨앗이 뿌려져 있다

인생의 갖가지 상황에 부닥치면 이 세상이 역경과 불행으로 가득 차 있는 것처럼 보일지 모른다. 시간이 흐른 후에는 불행하다고 느껴졌던 그때에 커다란 행운의 열매를 맺을 씨앗이 숨어 있었음을 알게 된다.

당신의 인생에 힘찬 변화가 일어나게 하기 위해서는 과거로 향한 문을 닫아야 한다. 즐겁고 유익한 쪽으로만 방향을 틀어야 한다. 슬픔과 마음의 고통은 내버려두고 미래를 바라보며 자기 것으로 만들어나가면 된다.

인생은 변화무쌍한 갖가지 상황에 처한다는 사실을 항상 염두에 두어라

한 번 실연하거나, 한 번 기회를 잃거나, 그 밖의 불운을 만나더라도 그것이 승리할 기회를 영원히 잃는 것이라고 생각하지는 말아야 한다. 세상의 위대한 사람들은 실패에 실패를 거듭하고 있다. 핸디캡이 있더라도 그것을 잘 살리는 길을 찾아보면 핸디캡은 오히려 아주 훌륭한 성공의 도구가 될 것이다.

실패를 말하면 실패가 찾아오고 성공을 말하면 성공이 찾아온다

실패는 자기의 실패에 집착하는 데서 비롯되며, 죄수가 쇠사슬을 발목에 채우고 있듯이 우리 삶의 주위에서 늘 어슬렁거리게 마련이다.

성공한 사람을 샘내기만 한다면 그것 역시 실패를 낳는다. 질투와 악의는 부뿐만 아니라 마음의 평안까지도 빼앗아가버린다.

어느 시대이든 실패를 성공으로 뒤바꾸는 법칙은 힘을 잃지 않는다. 사업 전체가 실패라고 하는 딱지를 맞는다고 하여도, 성공을 예견하고 성공할 것을 믿는 사람의 손에 들어가면 다시 숨통이 트이게 될 것이다.

부와 마음의 평안과는 깊은 관계가 있다

부와 마음의 평안이 밀접한 관련이 있다 하더라도 반드시 일치하지는 않는다. 마음의 평안을 얻고 싶어하는 대다수의 사람들에게 충분한 돈이 필요한 것은 사실이지만, 부정한 수단으로 돈을 번 사람이나 올바르게 돈을 쓰지 않는 사람들의 행복을 빼앗아가는 것 역시 돈이다.

자신의 일과 돈은 타인을 돕는 데 써라. 그리고 성공의 계단을 올라갈 때는 타인을 짓밟지 않도록 조심해야 한다. 정직하지 못한 짓을 하면 뒤가 켕기게 되고 그렇게 되면 불행에 빠지는 결과를 낳는다. 그렇지만 잘못을 저지른 사람이라도 그런 자신의 잘못을 반성하며 완전히 과거 속에 묻어버리고 과거로 향한 문을 닫아야 한다. 그렇게 해서 두 번 다시 그런 잘못을 반복하지 않도록 굳게 결심하고 훌륭한 목표와 꿈을 향해 나아가면, 평안이 저절로 찾아올 것이다.

조금만 더 나아가자

일하는 곳에서 괴로움과 분노의 감정에 사로잡히게 되면 당신 자신이 설정한 목표나 꿈을 실현할 의욕이 저하되어버린다. 조금 더 앞서 나아간다면 마음속에 파고드는 장애를 없애주는 강장제 역할을 해줄 것이다.

당신이 직장에서 받는 급여보다 더 많은 일을 하라. 항상 한 계단 위를 향한 자세로 일해야 한다.

성공하는 사람이란 누구를 원망하는 마음을 갖거나 전력투구하기를 꺼리는 사람이 아니라, 자기 자신을 발전시키기 위해 행동이나 사고함에 있어 최선을 다하는 사람을 말한다.

사람의 마음은 컴퓨터보다 훌륭하다 ■ 천재들의 비밀 ■ 적극적인 마음 자세는 다른 사람의 PMA에 파장을 맞춘다 ■ 삶에서 나타나는 일곱 가지 의욕의 원천 ■ 당신을 호위하는 여덟 명의 기사 ■ 물건을 획득하려는 동기와 자유로워지려는 동기간의 대립을 피하라 ■ 인생은 자기의 생각을 자기에게 돌려보낸다

chapter **03**

마음가짐에 따라
경제적인 부와
마음의 평안을
동시에 누릴 수 있다

사람의 마음은
컴퓨터보다
훌륭하다

부와 평안함을 누릴 자격은 적극적인 자세를 갖춘 사람에게 있다. 확고한 꿈과 목표를 가지면 마음은 저절로 적극적인 자세가 되며 행동력을 지속시키는 파워도 거기에서 우러나온다.

우리 사회에서 없어서는 안 될 컴퓨터는 구조가 복잡하지만, 기본적으로는 아주 단순한 원리로 구성되어 있다. '예' 또는 '아니오'의 이진법이다. 전자회로를 여느냐 닫느냐 하는 것이며, 그 과정의 조합에 따라서 여러 가지 정보를 흡수하며 선택한다.

사람의 마음은 어떠한 컴퓨터보다도 훌륭하다. 그러나 사고의 메커니즘 속에 있는 근원은 역시 수많은 '예'와 수많은 '아니오'가 부단히 교차하는 현상이다.

그런데 적극적인 마음 자세를 갖고 있는 사람은 최대한 '예'를 발견하여 그것을 인생의 일부로 삼으려 애쓴다. 반대로 부정적인 마음 자세NMA, Negative Mental Attitude를 고집하는 사람은 '아니오'의 요소를 무의식적으로 받아들여서, 수많은 유익한 요소를 놓쳐버리고 슬픔과 불행을 벗삼아 살고자 한다.

"그것은 그냥 마음 자세일 뿐이지 않은가?" 하고 생각할지 모른다. 물론 그것은 단순한 마음 자세에 지나지 않는다. 그러나 성공인가 실패인가, 마음이 편안한가 불안한가, 건강한가 항상 어디가 아픈가 하는 점은 이 마음 자세에서부터 시작된다는 것을 간과해서는 안 된다.

다행스런 일이지만 누구든지 부정주의NMA로부터 긍정주의PMA로 나아갈 수가 있다. PMA, 즉 적극적인 마음만 갖추면 당신의 인생을 충분히 성공으로 인도할 만큼 많은 긍정적인 대답 '예'를 찾아낼 수 있다. 스스로 자기의 마음을 그런 방향으로 단련시킬 수가 있는 것이다. 그 사실을 실증한 다음에 PMA 프로그램이 만들어졌다.

따라서 PMA 프로그램은 제일 먼저 당신을 PMA 그 자체로 만들어내는 역할을 하고 있는 것이다. 인간의 두뇌에는 일정하게 '성공인가 실패인가를 가름하는 회로'가 마련되어 있다. 그것이 무엇인지를 알고, 성공한 사람들이 그것을 어떻게 활용했는가를 연구함으로써 당신도 성공을 자기 것으로 만들 수 있다.

나는 그 일부를 이 장에서 다루고 나면 다음 장에서도 다시 다루어 당신의 기억에 확실하게 뿌리 내리게 해주고 싶다. 당신은 이 책을 읽으면

서 이미 개인의 이름과 사례와 실천 방법이 반복되고 있음을 알아차렸을 것이다. 굳이 이렇게 반복하는 것은 당신의 기억에 큰 도움을 주고 싶은 까닭이다.

"세계는 자신의 목적지를 알고 있는 사람에게게만 길을 열어주는 법이다."

'자신의 목적지를 안다'는 것이 어떤 의미인지를 잘 생각해보기 바란다. 그렇게 하면 희망이나 목표가 확고한 이상 당신의 마음이 내뿜는 무한한 힘은 있는 그대로 한군데를 향해 집중된다. 자신의 희망이나 목표를 알고 있으면 행선지를 잊는 일이 없으며, 희망이나 목표와는 아무 관계도 없는 말이나 유혹에 흔들리는 일도 없어진다. 전에는 하루 일과 중 상당히 많은 시간을 낭비하고 헛되이 흘러보냈었다 해도 이제부터는 노력이 한군데로 결집되어 정신적인 영향력과 신체적인 능력이 서로 맞물려 조화를 이루게 된다.

자신의 삶에 진정으로 몰두하고 있는 사람은 타인의 결점을 찾거나, 적당히 일을 벌여서 양심에 거리끼는 일을 하거나, 시계만 자꾸 들여다보는 생활로부터 탈피한다. 또한 예기치 못한 장애가 생기더라도 휘청거리는 일이 없다.

당신의 적극적이며 한곳에 집중시킨 마음은 문제를 처리하고 그것을 극복하는 데 가장 알맞는 포지션을 갖추게 해준다.

천재들의
비밀

크게 성공한 사람들의 지능과 염력이 보통 사람보다 크게 뛰어나다 거나 능력이 탁월한 것은 아니라고 말한 적이 있다. 그러나 그들의 업적 을 보면 그들을 기꺼이 '천재'라고 불러야 마땅함을 알 수 있다.

그들이 보통 사람들보다 지능이 뛰어난 것은 아니지만, 그 능력을 삶 의 중심으로 이끌어내 적극적으로 활용한 능력은 그들의 적극적인 사 고 방식, 즉 PMA라고 단언할 수 있다.

나는 헨리 포드나 앤드류 카네기, 토머스 에디슨과 같은 인물들과 대 화를 해보았으나, 그들은 예외없이 어떤 공포라든가 회의를 품지 않고 원하는 바를 위해 무엇이든 할 수 있다는 마음 자세를 갖고 있었다. 그 것이야말로 PMA이다.

앤드류 카네기가 PMA의 필요성을 잘 알고 있음을 나는 이해했다. 그는 나에게 어떤 일을 지시하기 전에 내가 PMA를 갖고 있는지를 먼저 살폈다. 그것은 정말 '유별난' 조사방식이었다. 그는 성공자들을 분석하라는 지시를 내렸는데, 1908년의 어느 날 책상 저쪽에서 매서운 눈빛으로 나를 보면서 말했다.

"자네하고는 정말 오랫동안 대화를 해왔네. 나는 어떤 사람이 유명해지고 부자가 되고 그리고 사회에 공헌하는 사람이 되는지에 관한 비화를 자네에게 가르쳐왔어. 사실 이 일을 하고 싶어하던 희망자가 이백사십 명이나 되었지만, 나는 일부러 자네를 선택했네. 할 수 있겠지? 나는 세계적으로 극히 뛰어난 사람들을 자네한테 소개하겠네. 자네는 그들에게서 공통된 성공 철학을 찾아내는 거야. 그런데 자네는 앞으로 이십 년간 이 일을 위해 자신을 던질 수 있겠나? 그동안 나는 자네에게 금전적인 도움을 전혀 주지 않을 걸세."

"……."

"내 생각을 모두 자네에게 말한 셈이네. 이제 자네가 대답을 할 차례야. '예'인지 '이니오'인지를 분명히 말해주면 좋겠어."

나는 앞으로 닥칠 험난한 장애에 대하여 머릿속으로 면밀하게, 그리고 빠르게 따져보기 시작했다. 내가 넘어야 할 장애물, 내가 찾아내야 하는 일, 그리고 그동안 내 힘으로 생활비를 벌어야만 한다는 사실 등에 대하여 생각했다.

여러 가지 부정적인 사고와의 격투가 29초간 계속되었다. 만일 그때 내가 부정적인 사고에 져버렸다면 그 이후 나는 계속해서 그런 부정적인 사고에 시달렸을 것이다.

내가 어떻게 29초가 걸린 것을 알았을까? 내가 "예!" 하고 대답했을 때, 카네기가 책상 아래에 두었던 스톱위치를 꺼내서 보여주었기 때문이다. 그는 내가 PMA를 보여줄 때까지 1분간만 기다려줄 예정이었다는 말을 했다. 1분이 지나도록 대답이 없으면 나를 그 일에서 제외시킬 작정이었다는 것이다.

나는 31초의 차이로 그의 예상을 충족시켰다. 그리고 그 결단이 나 자신은 물론 수백만 명의 인생을 전환시키고 발전시키는 결과를 이룩해 냈다.

그때, 나는 기회를 잡은 것이다.

적극적인 마음 자세는
다른 사람의 PMA에
파장을 맞춘다

일단 나는 그 큰 일을 받아들이고 자신감에 충만해 전념하게 되자, 당초에 예상했던 여러 장애물이 간단히 사라져버리는 것을 느끼게 되었다. 그래서 나는 PMA의 도움으로 대부호나 위대한 업적을 남긴 사람들 507명과 인터뷰했다. 그리고 그들의 성공 비결을 찾아냈다.

그뿐 아니다. 그 일로 인해 나는 생활비 이상의 돈을 벌게 되었다. 나는 그러한 성공 사례를 스스로에게도 적용시켜서 활용해보았다. 그리고 나도 소위 말하는 '대부호'의 순위에 들게 되었다. 내가 '천재'였을까? 물론 간단히 대답하자면 '아니오'이다. 나는 자신이 천재가 아니라는 분명한 증거를 갖고 있다.

그것은 그렇다 치고, 많은 사람을 만나다보니까 하나의 귀중한 진실을 발견하게 되었다. 그 진실이란 '적극적인 마음 자세PMA의 소유자는 적극적인 마음 자세의 소유자에게서 자동적으로 은혜를 얻게 된다'는 점이었다.

텔레비전이나 라디오의 일반적인 원리를 잘 알고 있을 것이다. 고주파의 전자적 진동을 발신하는 안테나로 끌어내면 그 진동이 공중에 발사되어 나가면서 전파가 되고, 멀리 서 있는 안테나가 그것을 받아들인다. 그렇게 해서 메시지이건 영상이건 몇백 킬로미터씩이나 전달된다. 우주 시대에는 지구 전체로 송신할 수 있다.

그런데 머릿속에도 전기의 흐름이 있다. 여기에는 사설 방송국이 있으며 생각하는 대로 사고의 진동을 발사할 수가 있다.

이 방송국이 적극적으로 생각하고 타인에게 득이 될 생각을 끊임없이 발신하면, 이쪽의 파장과 맞는 다른 사람으로부터의 진동을 수신할 수가 있다. 말하자면 동일한 사고를 얻어낼 수 있게 된다는 뜻이다.

이는 물론 하나의 비유이지만, 유유상종이라는 현상은 우리가 곧잘 경험하는 일이다. 활동적인 사람은 활동적인 사람끼리, 게으름뱅이는 게으름뱅이들끼리 어울린다.

이미 말했던 성공자들 외에도 존 워너메이커1838~1922. 백화점 경영의 선구자, 대부호, 에드워드 페이지 미첼1852~1927. 저널리스트, 퓰리처 상 수상자, 우드로 윌슨1856~1924. 미국 제28대 대통령, 교육가 같은 저명인사들을 만나러 갔을 때, 그들과 나는 서로 마음과 마음의 감응을 느꼈다. 그렇지 않다면 그런 초일류의 인물과 쉽사리 만나지도 못했을 뿐 아니라 나의 일을 위해 그들이 몇 시간씩이나 귀중한 시간을 할애해줄 리 없었을 것이다. 더구나 나의 상담 상대가 되어주지도 않았을 것이다. 그들은 인터뷰에 응해주는 대가로 아무 것도 요구하지 않았다.

자신이 하는 일에 확신을 가져라. 그러면 신념은 그냥 두어도 점점 강하게 굳어져갈 것이다. 자신을 의심하면 마음속의 '아니오' 부분이 증폭되어 패배하기 쉽다. 이는 PMA의 영향력에 대한 약간의 설명에 지나지 않는다.

그러면 이제 PMA, 적극적인 마음 자세와 연관지어서 부와 마음의 평안 모두를 가져다주는 다른 '조정 장치control lever'에 대한 몇 가지를 살펴보기로 하자. 이러한 조정 장치는 당신의 인생을 승리로 이끌어줄 것이다.

삶에서 나타나는 일곱 가지 의욕의 원천

법정에서 '동기'를 추궁하는 이유는 무엇일까? 인간의 행위는 모두 많든 적든 간에 어떤 동기motivation가 일으키는 산물이다. 우리들은 인생에서의 동기를 아홉 가지로 나누어, 이를 여러 조합으로 다시 활용하고 있다. 그중에서 적극적인 동기에는 '욕구'라는 일곱 가지의 형태가 있으며 부정적인 동기에는 두 가지가 있는데, 다음과 같은 것들이다.

인생에서 일곱 가지의 적극적인 동기

1. 애정에 대한 욕구

'사랑'은 무한히 확산하는 성질을 갖고 있다. 소홀하게 다뤄서는 안 된다. 사랑은 미워하지 않고 주는 것. 그렇게 하면 준 것과 동일한 만큼이거나 그 이상으로 자기에게 되돌아온다. 사랑하기를 멈추면 사랑받는 일도 그친다.

2. 성에 대한 욕구

'성'은 대자연의 위대한 창조력이다. 성은 사랑을 통해 비로소 완성된다. 그러나 사랑은 성과 별개로 존재할 수 있다. 우리는 성이 갖는 강한 힘을 꿈과 목표를 실현하기 위한 행동력으로 전환할 수 있다.

한편, 성에 너무 깊이 빠져들거나 잘못 이해하면 인간에게는 비극적인 영향을 줄 수 있으며, 성 그 자체가 부당한 평가를 받게 된다.

3. 물질에 대한 욕구

물질에 대한 욕구는 인간이 동료인 인간을 경제적으로 포식하는 데서 비롯되었다. 그러나 국가와 정부는 수많은 법을 만들어 강자로부터 약자를 보호한다. 때문에 강자는 더 고차원적인 직관과 강력한 사고를 통해 약자를 자꾸 압박하는 것이고, 약자는 강자에 대한 두려움을 없애기 위해 안간힘을 쓰고 강자의 위치를 넘본다.

4. 자기 보존에 대한 욕구

타인의 권리까지 무시할 정도로 '자기 보존'에 대한 집착을 가지면 그것은 오히려 악영향을 불러올 수도 있다. 자기 보존은 인간이 계속 생존하도록 '자연'이 내려준 생명력이다.

그런데도 인간은 그 이상의 것을 가져도 되는 '특권'이 주어진 줄로 착각하곤 한다. 배가 막 가라앉을 때는 어린이와 여성을 먼저 배에서 탈출시키지 않으면 안 된다. 이는 인간의 숭고한 정신세계에 의한 윤리이다. 이런 숭고한 정신을 나타낸 사례도 무척 많다.

5. 심신의 자유에 대한 욕구

우리가 우리 자신의 개체성에 대해 완전하게 이해할 때에만 타인에 대해서도 개체성에 대한 자유의 법칙을 이해할 수 있다. '다른 사람이 나에게 했으면 하고 바라는 일만 다른 사람에게 행하라'는 의미이다. 자신의 심신이 자유롭기를 바라면서 타인의 권리를 침해하고자 하는 욕구를 갖는다면 이것은 이율배반적이고 비뚤어진 것에 지나지 않는다.

6. 자기 표현에 대한 욕구

'자기 표현'은 자기를 발견하기 위한 수단이다. 이것은 자기 자신을 지키기 위한 수단이기도 하다. 그러므로 적극적이고, 건설적이고, 대단히 중요한 것이다. 다만 타인을 깎아내리거나 상처 입히기 위해 너무 자기 자신을 내세워서는 안 된다.

7. '영원한 삶'에 대한 욕구

'영원한 삶'은 인류의 끝없는 욕구 중 하나이다. 죽음이라는 육체의 이탈과 자신이 어떤 관계가 있는가를 이해해야 한다. 이 동기는 의문이나 공포에 휩싸여 있는 한 비참하게 여겨질 것이다. 어쩌면 인생이 죽기 위한 준비로밖에 생각되지 않을 수도 있다. 그런 일은 문명 그 자체를 위기에 몰아넣을 위험이 있다.

부정적인 동기

1. 분노와 복수

이 둘은 항상 함께 나타난다. 분노는 사람의 마음을 뒤틀리게 하며, 그 곁에는 복수의 심리가 따라다닌다. 그러나 복수란 시퍼런 칼날만 있을 뿐 칼자루도 없고 칼집도 없다. 그러니 칼날을 쥐면 쥘수록 오히려 자신이 불행해짐을 깨달아야 한다.

2. 공포

공포는 그 전달력이 매우 빠르다. 마음에서 마음으로 전달되며, 이것을 극복하지 않으면 삶의 실패를 자초하고 만다.

마음의 평안은 일곱 가지의 적극적인 동기를 인생의 보편적인 형태로 행사해야만 얻어지는 것이다. 마음의 평안을 누리고 있는 사람이 두 가지의 부정적인 동기를 행사하는 경우는 대단히 드물다. 복수하고 싶은 마음이나 타인에게 상처를 입히고 싶은 분노 같은 감정은 그것을 아

무리 정당화시켜도 마음의 평안을 주지는 못한다.

게다가 위대한 사람들은 타인을 해치려는 생각 따위에 시간을 허비할 틈이 없다. 그런 것을 염두에 둔 사람은 이미 위대한 사람이 아니라고 하겠다. 또한 위대한 사람이라고 해서 공포를 느끼지 않는 것은 아니나, 그런 공포심에 휩싸여 인생을 지배당할 만큼 두려워하지는 않는다.

소심하고 비굴한 사람들에게는 공포와 분노 같은 감정이 평생 따라다닌다. 그들의 마음은 이러한 부정적 영향을 너무 많이 받기 때문에 자신이 원하는 대로 상황을 변화시킬 힘을 마음속에서 찾아내지 못한다.

최근에 나는, 15년 전 부동산에 투자를 했다가 전재산을 날려버린 사람의 이야기를 들었다. 지금 그는 이미 70세의 노인이다.

15년 전, 그는 친구의 권유로 많은 돈을 빌려서 소택지沼澤地를 사들였다. 2년쯤 지나면 그곳에 건설 붐이 일어날 것이라는 말을 친구에게 들은 것이다. 그러나 그 일이 성사되기도 전에 차입금을 변제할 시기가 왔다. 그는 생업이었던 구두방이 망하고 있는 것을 알면서도 어쩔 도리가 없었다.

그에게 터무니없는 말을 했던 그 친구도 큰 손해를 보았다. 그 친구가 고의적으로 그를 해치려는 의도가 아니었음은 물론이다. 그러나 그는 친구를 향해 증오심을 불태웠다.

"아무리 세월이 흐르더라도 내 눈에 흙이 들어가기 전에 꼭 복수를 하고야 말겠다!"

조금만 힘이 미치면 정말 그럴 것도 같았다. 증오로 점철된 5년이라는 세월 동안 그는 일도 손에 잡히지 않았다. 한편 친구 쪽은 곧바로 재기하여 쓸데없는 복수심 따위가 미치지 않는 곳으로 가버렸다.

재산을 잃어버린 그는 결국 마음의 균형마저 잃고 정신과 진찰을 받게 되었다. 그리고 교외의 조용하고 폐쇄된 정신과 요양소에서 반년 이상을 지내게 되었다. 그나마 다행스럽게도 마지막 달에는 담당의사의 말에 귀를 기울일 정도로 회복되었다.

"잃어버린 재산보다, 증오와 복수심 쪽이 더 큰 손해를 입혔습니다."

담당의사의 지적을 그는 순순히 받아들였다. 의사는 그 친구를 용서해주라고 설득하였고, 그는 그렇게 하기로 결심했다. 이윽고 그는 친구에게 편지를 써서 자기의 마음이 달라졌음을 고백했다.

인간에 대한 사랑과 적극적이며 건설적인 마음 자세를 다시 찾게 된 그는 자기의 일에 복귀할 수 있었다. 60세에 새로운 일을 시작해 70세가 된 지금은 꽤 유복하게 살고 있다. 어쨌든 부의 한 가지 형태로서 빼놓을 수 없는 요소인 마음의 평안을 얻게 된 것이다.

나 자신도 지난날 부정적인 마음의 영향을 받고 고민한 일이 있다. 앞장에서 말했듯이 도피하고 있던 기간 동안 처음에는 자기 보존이라는 현명한 본능에 따르면서 행동했으나, 머지 않아 그것이 공포로 변해 참담함을 느끼기도 했다. 다행히 더 늦기 전에 내가 어떻게 되었는지를 깨달았다. 그런 일은 두 번 다시 일어나지 않을 것이다.

당신을 호위하는
여덟 명의
기사

당신 전용의 안내역과 호위('마음의 평안'이나 '인내')에 일정한 원칙이 있음을 알아두는 게 좋다. 그러한 원칙을 현실화시켜 자신의 가까이에 두기 위하여 의인화해본다면 더욱 좋을 것이다. 원칙과 동일한 숫자의 기사가 무장을 하고 당신의 마음으로 통하는 문 앞에 한 사람씩 보초를 선다고 상상해보자.

그 기사들은 당신 내부로 들어가려는 갈등의 요소들로부터 당신을 지켜줄 것이다. 기사들은 당신의 마음을 적극적이며 효율적으로 지켜주고 부조화가 생기지 않도록 해줄 것이다. 나는 나 자신의 기사들에게 이름을 지어서 리스트를 만들었다. 이것을 그대로 활용해도 좋고, 당신의 필요에 따라서 가감하거나 수정해도 좋다. 그 리스트는 다음과 같다.

1. 평안의 기사

이 기사는 가장자리에 버티고 서 있다. 그리고 모든 방문자에게 "나와 마음의 평안을 나누려고 왔느냐?"고 묻는다. 그렇지 않은 방문객은 모두 몰아내는 역할을 한다.

2. 희망과 신념의 기사

그는 삶에서의 나의 임무를 위하여 내 신경을 집중할 수 있는 것만 허가하고 통과시킨다.

3. 사랑의 기사

그는 사랑이 내 가슴속에서 영원히 신선하게 유지되도록 만드는 영향만 선별해서 내 마음속으로 보내준다.

4. 건강의 기사

이 기사는 건강에 영향을 미치는 것이 무엇인지를 알고 있다. 심신이 원기를 유지할 수 있도록 도움을 줄 수 있는 것만 통과시킨다.

5. 부의 기사

그는 경제적인 이익을 가져다주는 사고방식 이외에는 통과시키려고 하지 않는다.

6. 지혜의 기사

특정한 사고가 나에게 도움이 됨을 알았을 때, 그는 그것을 내 지식의 창고에 넣어준다.

7. 인내의 기사

그는 충동적인 마음, 준비되지 않은 상태로 무작정 성급하게 일에 부딪히려는 내 마음을 제지시켜준다.

8. 스페어 기사

스페어 기사는 나의 전용 기사이다. 이름은 자기 마음대로 붙이면 된다. 이 기사는 다른 기사들과 함께 나를 호위한다. 다른 기사들은 때때로 쉬는 경우도 있지만, 스페어 기사만큼은 항상 내 곁에 있다. 나의 삶에서 발생하는 특별한 영향력에 대해 철저히 응대한다. 스페어 기사는 말하자면 무임소장관정무장관. 행정부의 장으로 임명되지 않고 정부의 특정 사무를 수행하는 국무위원과 비슷하다고 여기면 된다. 다른 기사들에게 맡기기 어려운 임무를 수행해낸다.

이 여덟의 정신적인 기사단을 잘 인식해두면, 그들은 당신의 힘을 강하게 결집시켜서 어떤 문제든지 해결하게 하고, 특별한 방어 라인을 짜주기도 한다.

나는 어떤 사람과 이야기할 때, 그의 의견과 대립되는 생각이 내 마음속으로 밀려들기 시작하는 것을 느낄 때가 있다. 그러면 나는 얼른 정신을 차리고 평안의 기사들에게 특별 경계 경보를 내린다. 그들은 당장 평소의 두 배 정도의 힘으로 성채의 감시를 강화한다. 그래서 나는 다시 나 자신의 마음을 되찾는다. 그렇게 함으로써 나는 항상 냉정하게 안정을 지킬 수 있게 된다.

만일 내가 어떤 신체적인 고통을 느낀다고 하자. 나는 신체의 건강을 지키는 기사를 불러내 과거로 돌아가서 원인을 조사하도록 지시한다. 그러면 좋은 결과를 얻곤 한다. 나는 의학의 기능을 넘어선 자연 치유력의 은혜를 받을 수 있다고 확신한다.

나의 기사들은 그 역할에 대해 일정한 보수를 받는다. 그들에게 주는 '급여'는 끊임없이 '감사하는 마음'을 갖는 것이다. 매일같이 나는 기사 하나하나에게 감사의 말을 전하고, 그들 모두에게 한꺼번에 강력한 단결력에 대한 감사를 표한다.

이렇게 감사의 마음을 표현하는 것은 본래 자신이 가지고 있는 힘에 주의를 기울여주는 것이 도움이 됨을 알기 때문이다. 만일 내가 이 일을 게을리하면 기사들도 게으름을 피울 것이다. 내가 정신적인 힘을 쓰는 데 신경을 곤두세우면 기사들도 더욱 힘차게 움직인다.

물건을 획득하려는 동기와 자유로워지려는 동기 간의 대립을 피하라

신체의 자유는 눈에 보이기 때문에 알기 쉬우나, 마음의 자유에는 미묘한 문제가 있다. 공포와 분노는 마음을 철창 저쪽에 가두어버린다. 죄의식은 마음에 족쇄를 채운다.

물건을 획득하려는 동기는 그 자체가 아무리 훌륭하더라도, '신체와 마음의 자유'라는 훌륭한 동기와는 대립하게 마련이다. 물질적인 것을 얻고자 애쓴 나머지, 우리는 마음의 자유를 포기해버리기 때문이다.

정직한 행동을 하지 못함으로써 마음의 공포와 죄의식이 싹트게 되는 경우도 있다. 그뿐 아니라, 부정한 방법을 동원하여 재산을 늘린 사람은, 정당한 방법으로 얻은 성공이 가져다주는 진정한 기쁨과 보람을 자신에게서 팽개쳐버리게 된다. 규칙에 따라서 이긴다면 자기 마음을 위해 좋은 일을 한 셈이 된다. 그러나 부정한 방법으로 이긴다면 그것은 승리가 아닌 패배이다.

나는 청년기에 일하기 시작한 것을 참으로 다행스럽게 생각한다. 그렇게 했기 때문에 인생의 교훈을 젊은 시절에 체득할 수 있었다. 그래서 내가 처음으로 일을 하던 시기의 이야기를 들려주고 싶다.

나는 비즈니스 칼리지실무학교. 속기·부기·타자 등의 실무 훈련을 함를 갓 나온 십 대로서, 세상의 이치도 잘 모르는 철부지였다.

나의 고용주는 은행을 몇 개나 소유하고 있었는데, 그는 자기 아들에게 인근 마을에 있는 자신의 은행에서 출납을 담당하게 했다. 어느 날 밤, 그 마을에 있는 호텔의 지배인이 나에게 전화를 걸어 그 은행가의 아들이 사고를 쳤다고 말했다. 그는 사태가 심각하다고 덧붙였다. 지배인은 고용주와 연락이 닿지 않자 나에게 전화한 것이었다. 자세한 내용은 알지 못했지만 나는 다음 날 곧장 열차를 타고 그 마을로 갔다.

은행에 도착해보니 문은 닫혀 있었으나 열쇠가 채워져 있지 않았다. 그래서 안에 들어가 보니 금고가 열려 있고, 녹색 지폐가 창구 카운터 언저리에 잔뜩 흩어져 있었다. 호텔 지배인이 말한 것이 바로 이 일이었을까? 고용주의 아들이 이런 짓을 저질렀단 말인가? 나는 문을 닫고 수화기를 들었다. 어렵게 고용주와 연락이 닿아 내가 이 마을에 온 이유와 여기서 본 사실을 그대로 보고하자 그는 낭패한 듯이 말했다.

"그 자리에서 돈을 세어 모자라는 돈을 내 구좌에서 꺼내 메꿔주게."

나는 바닥에 앉아서 돈을 세기 시작했다. 그리고 장부와 대조해보았

다. 그런데 놀랍게도 1센트도 분실되지 않았다. 고용주의 아들은 돈을 뿌려두기만 했을 뿐이었다.

그 당시 나는 일을 하고 있었지만, 겨우 먹고살 정도의 빠듯한 생활의 연속이었다. 그런데 여기 이 자리에 5만 달러에 가까운 돈이 아무렇게나 쌓여 있지 않은가?

'여기서 절반만 내 호주머니에 넣는다고 해도 그 누가 알겠는가?' 하는 못된 생각이 불쑥 고개를 들었다. 그 아들이 정신이 불안정하다는 건 누구나 알고 있었다. 만약 돈이 없어지더라도 누구든지 그 아들이 저지른 일로 생각할 것이다. 그가 1센트도 훔치지 않았다는 사실을 아는 사람은 그 순간 나 외에는 없었다.

물욕이라는 이름의 동기는 나를 강렬하게 충동질했다. 그러나 나 자신의 자유를 원하는 동기는 "그래서는 안 돼!" 하고 말했다. 그리고 마음속의 '무엇인가'가 나를 정직하게 버티게 해주었다. '무엇인가'라는 용어를 쓰는 이유는 그때의 동기에 딱히 이름을 붙일 수 없기 때문이다. 아마도 그 '무엇인가'는 내가 집을 떠나기 전에 계모와 했던 이야기와 관계가 있을지 모른다. 계모는 나와 작별하면서 항상 자기 자신과 함께 살지 않으면 안 된다는 점과, 자기의 마음을 스스로 조절해야 한다는 점을 가르쳐주었다.

나는 돈을 전부 금고 속에 정돈해넣고 고용주에게 전화를 걸었다. 그리고 부족한 금액을 채워넣을 필요가 없으며, 한 푼도 분실되지 않았음을 보고했다. 나는 마음의 평안을 가득 안고서 은행문을 나섰다. 자유로움과 기쁨에 겨워 가슴이 힘차게 뛰었다.

그날 이후 나는 '자유'의 동기를 물질적인 면의 동기보다 우선에 두기로 작정했다. 그럼으로써 나는 나 자신의 내부의 자유든 외부의 자유든 막힘이 없이 필요한 돈을 정당하게 손에 넣을 수 있게 되었다.

그 점이 나를 곧바로 앤드류 카네기가 있는 곳에 달려가도록 만드는 동기가 되었다. 그리고 내 인생의 궁극적인 목표로 접근시켜주었다. 나의 고용주는 아들의 평판을 지켜주기 위해서 내가 최선을 다해주었다고 말하며 고마워했다. 그 감사의 징표로써 그는 내가 나중에 조지타운 대학의 법학부에 입학할 때 큰 힘이 되어주었다. 그 일이 내가 카네기를 인터뷰하게 된 계기를 만들어준 것이다. 내가 만일 그날 밤의 일에서 물질적인 욕망에 굴복해버렸다면 PMA 프로그램은 결코 태어나지 않았을 것이다.

에머슨의 말처럼, 인간 행동의 구석구석에는 말없는 파트너가 존재하고 있다. 인생에서 사사로운 거래에 매달리려는 사람에게는 재앙의 운명이 닥쳐올 것이다.

인생은
자기의 생각을
자기에게 돌려보낸다

사고는 물질이나. 물질이란 존재하고 있는 무엇인가를 밀한다. 사고는 분명히 그 자체가 존재하고 있다. 그러므로 저주의 말을 뱉으면 저주가 되돌아오며, 축복을 보내면 축복이 되돌아온다. 이것은 '인생의 거울'에 의하여 반사되기 때문이다.

어떤 시인은 이렇게 말한다.

"나는 내 운명의 주인이다. 나는 내 영혼의 조종사이다."

이 말은 진실이다. 이 두 가지의 진실은 서로 호응하고 있다. 적극적인 경향이 있는 영혼으로 적극적인 사고를 송출해내면, 이 세계는 더욱더 적극성이 넘치는 영향력을 당신에게 보내줄 것이다.

마음의 평안을 찾아내는 가장 확실한 방법은, 될 수 있는 대로 많은 사람이 역시 마음의 평안을 찾아내도록 만드는 것이다. 이 점은 동기가 되는 일곱 가지의 일을 사용할 때 지침으로 삼으면 좋겠다. 그렇게 하면 당신은 자신의 힘을 올바르게 사용한다는 사실을 느낄 것이다.

마음의 평안이 기도하는 가운데에 있다고 할 수 있을까? 그럴 수도 있다. 아니, 틀림없이 그 안에 있다. 그러나 불운에 처하고 나서야 기도로써 해결해보려는 사람이 너무나 많다. 그런 사람은 '공포'의 동기가 마음을 지배했을 때에야 겨우 기도에 의지한다. 그런 의미로서의 기도는 부정적이라고 할 수 있겠다. 따라서 결과도 부정적일 수밖에 없다.

마음의 평안을 가져오는 기도는, 그 자신이 문제를 떠안고 슬픔에 잠긴다고 해도 그것을 적극적으로 받아들일 만한 자신감이 있을 때에 나오는 법이다. 그리고 또한 문제를 알고 있는 마음속에서 우러나온다.

나는 인간의 이성을 넘어선 하나의 '실재實在(영혼이라고 불러도 좋고 다른 말로 불러도 좋을 것이다)'가 있다는 증거를 실제로 겪고 있다. 적극적인 마음은 때때로 그 실재와 완전히 파장을 맞출 수 있다고 생각한다. 더욱이 기도나 결심을 통해 각자가 자기 스스로의 힘으로 마음을 조정하지 않으면 안 된다.

인간이 자기의 운명을 갈구하거나 선악의 판단을 하는 것은 자유이며 특권이다. 인간이 이룬 눈부신 업적도 먼저 어떤 사고로서의 존재가 있었기에 가능한 일이다.

그렇다면 당신에게 그 '위대한 비밀'은 보일 것인가?

SUMMARY

적극적인 마음의 자세를 유지하면, 인생은 '예'라고 대답해준다

사람의 마음은 어떤 컴퓨터보다도 훌륭하다. 그런데 사고의 대부분은 컴퓨터의 경우처럼 '예' 혹은 '아니오'로 처리되는 것 같다. 적극적 사고법, 즉 PMA는 모든 인생 상황 가운데에서 가능한 '예'를 발견해내는 데 큰 도움을 준다. 당신의 자세가 지금 당장은 부정적이라고 해도, 그것을 적극적으로 바꾸고 미래의 당신의 인생을 풍요롭고 여유롭게 개척해나가도록 해준다.

확고한 희망이나 목표를 가지고 마음 자세를 조절한다

성공한 사람들은 자기의 꿈을 실현하려고 할 때에 자기의 정신적인 힘에 대해 조금도 의심하지 않는다. 누구든지 인생의 어느 단계에서나 이 마음의 변환법이 가져다주는 혜택을 받을 수 있다. 난 하나의 목적에 집중함으로써 마음은 훨씬 효율적으로 움직인다. 그러므로 천재적인 힘이 발휘되는 것처럼 보인다.

이로써 당신을 괴롭히던 문제의 취급 방법과 장애의 제거법을 알았을 것이다. 적극적인 마음은 다른 사람의 적극적인 마음과 파장을 맞추게 된다. 이러한 '마음의 방송국'을 통해 당신은 귀중한 정보를 교환하고, 안내를 받을 수 있다.

나를 조종하는 일곱 가지의 동기를 조종한다

일곱 가지의 적극적인 동기와 두 가지의 부정적인 동기는 당신이 행하는 모든 행동의 뒤에 숨어 있다. 적극적인 마음 자세를 갖추지 못한 사람은 분노와 공포라는 두 가지의 부정적 동기에 의해 마음의 평안을 잃기 때문

128

에, 우수한 아이디어를 내놓거나 어떤 일을 실현시키는 힘이 약해져 있다. 성공하는 사람은 일곱 가지의 적극적인 동기를 활용하여 자기가 원하는 인생을 만든다.

마음의 문 앞에 다가서서 '당신을 지켜주는 기사'를 배치하면 부정적 영향이 마음속에 뛰어드는 현상을 막을 수가 있다. 이러한 기사들을 잘 활용하면 어떠한 긴급 상황에라도 잘 대처해나갈 수 있다. 그것은 평상시의 일뿐만 아니라 건강을 유지하는 데도 매우 좋다.

자신의 동기가 서로 대립하는 사태를 방지할 수 있다

물질을 획득하고 싶어하는 바람은 자유에 대한 바람과 대립하는 경우가 있을지도 모른다. 그러나 심신의 자유가 더욱 중요하다.

사람의 감정은 사랑을 다른 사람에게 주면 줄수록 자신의 것이 된다.

성에 너무 집착하거나 잘못 이해하고 행동해서는 안 된다.

사후의 일에 대해서 미신이나 공포에 사로잡혀서는 안 된다.

자기 표현과 자기 보존은 타인에게 해를 주지 않는 한 당신 스스로에게 은혜를 주는 인간의 멋진 권리이다.

적극적인 동기는 모두 당신을 인도해준다. 부정적인 동기가 설사 당신에게 접근해온다 하더라도, 다음 사항을 염두에 두면 그로 인한 해를 입지는 않는다.

"마음의 평안을 찾아내는 가장 확실한 방법은, 가능한 많은 사람에게 마음의 평안을 찾도록 해주는 것이다."

chapter **04**

자기 확신을 통해
자유로운 삶을
누리자

공포심을
이겨내는
방법

공포에 사로잡히지 말아야 한다.

인간이 만들어놓은 악마에 현혹되어서는 안 된다. 빈곤의 공포, 비판 받는 것에 대한 공포, 질병의 공포, 사랑을 잃을까 염려하는 공포, 자유를 잃을까 염려하는 공포, 노화의 공포, 죽음의 공포 등의 일곱 가지 무서운 공포는 서로 힘을 합쳐 더욱 위세를 부린다. 이것들은 우리가 가장 무서워하는 공포의 대상이다.

그러나 나 자신이 만든 공포와 자기 보존을 위해 필요한 공포는 엄격하게 분리시켜야 한다. 어떤 대상에 대한 두려움을 갖고 있으면 그쪽이 당신에게 먼저 공격 자세를 취하게 마련이다.

공포의 대상을 확실하게 파악하고, 당신이 그것을 극복할 수 있다는 확신을 가질 때 드디어 위대한 우군이 힘을 보태주고 형세는 바뀐다. 공포를 극복하는 유일한 수단은 공포의 대상을 파악하는 것이다.

공포는 가장 견디기 힘든 부정적 동기가 된다. 또한 공포란 '무척 강한 흡인력'을 가진다. 이런 감각을 갖고 있으면 있을수록 더 많은 부정적 요인을 유발하게 된다.

빈곤에서 오는 공포를
전진의 발판으로
삼아라

가난한 생활에 쪼들려 빈곤에 대한 두려움을 느끼는 사람이 많다. 빈곤을 증오하고 그것에 반항하는 것이다. 그런 사람들은 대체로 부정적인 감정이 앞서는 까닭에 두뇌 회전이 둔해지고 용기도 잃고 만다.

빈곤이란 굳이 가계 형편이 눈에 띄게 핍박을 받는 상태를 의미하지만은 않는다. 자기 주관에 따라 "나는 가난뱅이야" 하고 생각하는 사람은 분명히 가난하다.

빈곤을 이기고 그것에서 벗어나고 싶다면 강한 정신력을 동원해 부자가 되기 위한 하나의 과정으로 여기고 느긋해져야 한다. 너무 조급해하지 말고 빈곤에 대한 공포를 옆으로 밀쳐두자. 현재의 빈곤은 앞으로 도약하기 위한 발판에 지나지 않는다는 생각을 가지는 게 바람직하다.

현재의 환경과 조건이 탐탁지 않다는 점을 알았다면, 이제부터 자신이 원하는 성공적인 삶을 향해 나아가는 추진력을 발휘해보자.

현재 본의 아니게 구두쇠 노릇을 해야만 할 형편이라면, 그것을 당신으로 하여금 돈의 위력을 깨닫게 해주는 계기라고 생각하라. 당신이 융통성을 발휘한다면 당신의 숨통을 틔워줄 금융제도를 얼마든지 활용할 수 있다. 자금 부족은 당신에게 그 방법을 알려주는 수단이라고 생각하면 된다.

그리고 공짜로 배울 기회가 많다는 점을 고맙게 생각해야 한다. 정규교육보다는 독학을 하는 편이 효과적인 분야도 있으며, 방대한 지식이나 정보를 무료로 사용할 수도 있다. 산업계에서는 쌍수를 들고 당신을 환영한다는 점을 기억하라.

우리의 경제 사회는 변화무쌍한 편이다. 특별한 재능이 있으면 그것이 어떤 유형이건 그것을 필요로 하는 곳을 찾아낼 수 있다. 그리고 우리의 경제 사회에는 충족되지 못한 수요가 곳곳에 즐비하다. 당신이 그것을 충족시켜줄 사람일지도 모른다. 주위를 훑어보면 당신이 찾는 당신만의 일거리가 있을 것이다.

빈곤에서 굳세게 일어난 수많은 유명인사의 이름을 일일이 열거하지는 않겠다. 그런 사람들에 대해서는 기회 있을 때마다 말해왔고 앞으로도 그럴 것이기 때문이다.

그대여, 빈곤의 공포를 버리고 앞으로 나아가라!

비판받는 공포에
대처하는
법

당신의 마음은 꿈을 실현시킬 수 있는 무한대의 능력을 가지고 있다. 다만 마음이 훼방을 받지 않고 잘 움직이도록 해주지 않으면 안 된다.

비판받는 공포만큼 마음에 부담을 주는 것도 매우 드물 것이다. 그것은 아직 가해지지도 않은 상태에서 당신의 행동을 정지시키는 공포이다. 그렇지만 이것은 상상력에서 태어난 부정적인 그림자에 지나지 않는다.

비판받는 것에 대한 공포를 가지고 있는 사람은 자기의 행위나 주장을 부인당하고 싶지 않다는 생각이 지나친 나머지, 자기의 생각을 확실하게 표현하지 않는 경우가 많다. 그렇게 되면 자기의 뛰어난 창조력과 자신감을 잃고 만다.

각 분야에서 비약적인 발전을 보여온 사람들의 경력을 살펴보면, 그들이 자신의 창조력을 발견하고 그것을 효과적으로 사용한 데 대하여 깜짝 놀라는 경우가 있다. 그와 동시에 그들이 극복하지 않으면 안 되었던 많은 장애물이 있었음도 알게 된다. 그런데 그들이 직면했던 '비판'에 대해서는 우리들은 거의 모르고 있다. 만일 그들이 비판을 두려워하여 시간이 자꾸만 흐르는데도 머뭇거렸다면, 그들의 사고와 목표의 실현 능력은 쇠퇴하고 말았을 것이다.

실제로 그들은 비판을 두려워하지 않고 있었다. 그렇지 않았다면 그들의 마음은 전진해나가는 자유를 확보하지 못했을 것이다. 자동차 생산도 물론 잘되지 못했을 것이며, 비행기도 마찬가지다. 더구나 우주 비행은 실현되지 못했을 것임에 틀림없다.

헨리 포드가 자동차의 대량 생산에 들어가려고 했을 무렵, 생산 그 자체는 잘될 것 같았지만 맹렬한 비판의 벽에 부딪히게 되었다. 그런 식의 형편없는 장치로 자동차를 대량 생산하는 것은 불가능하다고 비웃음을 샀다.

"그런 것은 호기심 많은 친구가 만든 일시적인 실험 장치에 불과해."

이런 식의 비난이었다. 그 누구도 가솔린이나 고무를 나누어주지 않았고 다른 원재료를 사들이는 것도 불가능했다. 게다가 자금을 쥐고 있는 은행가들마저 포드를 비난했다.

"이렇게 값비싼 자동차가 시장에 쏟아져나오면 누가 사주기나 할 것 같은가?"

포드를 아는 사람들 거의 대부분이 그 계획에 이런저런 핑계를 대면서 헐뜯고 깎아내리기에 바빴다.

그러나 포드는, 아내가 항상 사랑이 담긴 눈으로 보내는 격려에 힘입어 자신감을 가질 수 있었다.

"누가 무슨 말을 하든 당신은 꼭 해낼 거예요!"

그의 부인은 이 말을 늘 그의 가슴에 새겨넣어주었다.

최근의 사례로는 에드윈 랜드1909~1991라는 사람의 경우를 들 수 있다. 그는 시간만 있으면 딸의 모습을 사진에 담았다. 딸은 사진을 그 자리에서 보고 싶어했다. 그래서 그는, 사진이란 찍고 나서 필름을 카메라에서 꺼낸 다음 암실에서 약품을 사용해 현상해야 하는 것이라고 설명해주었다. 게다가 그것으로 끝나는 일이 아니며, 필름이 완성되면 강한 빛을 쬐어 별도의 인화지에 상을 찍어낸 후에 다시 약품 처리를 해야만 겨우 사진이 된다고 이야기해주었다.

딸에게 열심히 설명해주면서 그의 자유로운 정신은 "잠깐!" 하고 어떤 착상에 머물렀다. '즉석에서 사진이 찍혀나오는 카메라를 만들 수는 없을까?' 하는 기발한 착상이었다.

사진을 조금이라도 아는 사람이라면 누구든지 "웃기는 이야기야"라고 말하거나 말도 안 되는 몽상이라며 그 이유를 밤새도록 늘어놓을 것이다. 그러나 그는 그런 비판을 두려워하지 않았다. 결국 그는 딸에게 이야기해줄 때 착상했던 폴라로이드 카메라를 개발해냈다. 그 카메라는 딸아이가 바라던 꿈을 실현시켰다. 랜드 코퍼레이션이 탄생하는 순간이었다.

비판이란 순수한 아이디어마저도 가차없이 꺾어버리려고 한다. 내가 PMA 프로그램의 실현에 뛰어들었을 때는 기가 완전히 꺾어버릴 만큼 강한 비판이 쏟아졌다. 비판은 거의 모두가 가까운 친족에게서 날아왔으므로 그만큼 대응해나가기도 어려웠다. 그 당시에는 나를 북돋워주는 힘을 말로 표현하기 힘들었으므로 충분히 설명을 해주기란 불가능했다. 그러나 나는 내 마음을 장애물 위가 아니라 목표 위에 두고 계속 전진해나갔다.

그리고 나는 앤드류 카네기의 전재산을 합친 것보다 더 많은 부가 담긴 '성공 프로그램PMA 프로그램의 전신'을 사용자에게 전해주었다. 세계 제일의 대부호 카네기의 재산도 이 프로그램이 가져온 부에는 전혀 이르지 못한다.

조언을 해줄 자격이 있는 사람에게서 도움은커녕 오히려 비판을 받아서 마음의 상처를 입는 것은 엄청난 충격이다. 비판이란 거의 습관적으로 비판하고 싶어하는 사람에게서 나오는 행위임을 주목해두자. 특히 그런 종류의 사람들은 성공을 향해 노력하고 있는 사람을 무차별적으로 공격하기를 좋아한다. 실패는 다른 불운과 마찬가지로 물귀신처럼 남을 끌어들이기를 좋아한다.

비판받는 것에 대한 공포를 버리고 전진하라!

마음의 공포는
심신의 병을
부른다

나는 당신이 건강에 관한 화제를 대화에 자주 등장시키는 고지식한 사람이 아니길 바란다.

건강하지 못한 화제를 자주 대화 주제로 삼는 사람은 수술해서 얻은 은혜보다는 수술을 받았을 때의 이야기를 장황하게 늘어놓을 것이다.

그들은 머리 끝에서 손톱 끝까지 꼬치꼬치 어떤 증상을 찾아 헤매면서 하루 일과를 시작하려 든다. 그리고 무슨 '질병'의 작은 징후라도 찾아내게 되면 그것을 화제로 삼아 친구들을 괴롭힌다. 닥치는 대로 희한한 약을 손에 넣기도 하고, 현재 유행하는 건강법에 집착해보기도 하지만, 언젠가는 그런 것이 해롭다는 것을 깨닫는다. 그들은 병을 상상하며 병을 겁내고 때로는 병을 끌어들이기도 한다. 그야말로 '부정적인 마음

의 힘'을 십분 발휘하는 것이다.

나는 이제 60줄에 들어섰지만, 그동안 인간의 몸과 마음의 증상에 대한 연구를 대단히 빠른 속도로 진행해왔다. 나는 어느 정도 병에 대한 의미를 깨닫고 있다. 인류가 시작된 이래 사람의 질병이란 거의 대부분 스트레스에 의해 발생된다는 점은 명백한 사실이다.

당신이 건강을 유지할 수 있는 첫 단계는 질병에 대한 이미지를 머릿속에서 씻어버리는 일이다.

마음이 그렇다고 믿으면 신체는 마음의 모든 것을 받아들여 마음에 따라 변화하게 마련이다. 그러므로 자기의 머리로 온몸이 건강하다는 것을 이미지로써 그려나가면 된다.

어쩌다가 병에 걸리거나 상처를 입는 일이 생겨도 조금 운이 나빴다고 생각하고 꼭 좋아질 것이라는 믿음을 갖기 바란다. 신념과 자신감이 넘치는 마음만 가져도 자신의 몸이 건강을 회복하고 있음을 곧바로 느낄 수 있다. 그래서 정신적 건강이 의약보다 치료 효과가 높을 때가 많다. 그런 신념은 마음속에서 솟아나는 것으로서 한없이 강렬한 힘을 갖고 있음을 인정해야 하겠다.

신념이란 가장 우수한 의사이다. 신념은 병을 예방하고, 병을 고치며, 장차 병에 대한 저항력을 높일 수 있도록 힘을 북돋워준다. 여기에만 너무 치우쳐도 안 되겠지만, 건강에 대해 건전한 믿음을 가지는 일은 매우 중요하다. 그렇게 하면 병 그 자체가 사라져버릴 것이다.

대화에서 질병에 대한 이야기는 빼자. 마음속으로부터 질병을 몰아내자. 1년에 한두 번 정도 종합검진을 받아서 병에 대한 공포에 맞서는 것도 당신의 신념을 강하게 만들어줄 것이다. 그리고 당신의 신념을 '건강의 기사'에게 맡기면 그 기사가 잘 지켜줄 것이다. 그 기사는 천하무적이기 때문이다.

'건강에 대한 불신'을 버려야 한다. 병에 대한 공포를 버리고 전진하라!

실연에 대한
공포를
버려라

누군가를 진실로 사랑하는 사람은 질투의 사슬 따위로 상대를 묶어 두지 않는다. 상대를 자기 옆에 묶어두려 하는 것은 사랑을 잃지 않을까 하는 공포심 때문이다. 진실한 사랑에는 공포심이 끼어들 자리가 없다. 더욱이 사랑은 상대에게 요구하는 것이 아니라 베푸는 것이다. 베풀지 않고 받으려고만 한다면 사랑은 성립되지 않는다.

사랑의 끝이 즐겁지 못한 경우도 있다. 그렇다고 사랑을 잃지나 않을까 하는 두려움에 지레 사로잡히는 것은 자신의 죽음을 미리부터 상상하는 것과 마찬가지로 해롭다.

한 사람에 대한 사랑이 사라지더라도 사랑 그 자체가 소멸되는 것은 아니다. 사랑은 심장의 고동과 함께 뛰고 있다. 사랑은 또 다른 상대를 구하며, 한 사람에 대한 사랑은 다른 사람에 대한 사랑으로 이어진다.

사랑하는 사람과 헤어졌다고 해서 사랑하는 마음이 더 이상 샘솟지 않는 것은 아니다. 당신의 마음이 사랑하고픈 또 다른 사람이 있음을 알아야 한다.

찰스 디킨스1812~1870의 첫사랑은 그것이 주어지지 않는 것임을 알았을 때 비극으로 끝난다. 그는 자신의 사랑을 글로써 표현했다. 그의 가장 대표적 소설인 『데이비드 코퍼필드』는 그런 비극이 있고 난 다음에 쓴 작품이다.

아낌없이 사랑하라. 마음껏 사랑하라. 당신이 사랑을 차지할 때 사랑은 영원히 위대한 힘이 된다. 그러나 사랑이 당신을 차지하면 사랑은 당신을 짓부수어버릴 수도 있다.

사랑이란 모든 감정 가운데서 가장 숭고하다. 성공에 대한 책을 쓰고 있는 내가 이런 말을 하는 것이 좀 이상하다고 생각될지 모른다. 그렇지만 나는 이 책의 목적에 따라서 인생의 본질적인 면의 교훈을 알려주고 있을 뿐이다.

당신 속에 잠재한 어떤 종류의 공포든 당신을 넘쳐 세운 뒤 상처를 입힐 가능성이 있음을 기억해야 한다. 사랑을 잃지 않을까 두려워하는 공포를 버리고 전진하라!

당신은
정말
자유로운가?

최근에 형기를 마치고 교도소에서 나온 어떤 남자에 대한 이야기를 들었다. 그는 자신의 전과 사실을 솔직하게 말했으므로 아무 데도 취직을 하지 못했다. 그런 까닭에 당분간 가족들에게 돌아가지도 못했다. 가족들조차 그를 믿지 않았던 것이다.

그러나 그는 마음속으로 "나는 다시 태어났다!"라고 외치며 우직스럽게 버텼다. 그렇게 한 보람이 있어서인지 어렵사리 일자리를 구하게 되었다.

그는 생활비를 얻기 위해 일하는 특권과 생활을 설계하거나 가족과 생활하는 특권을 갖게 되었다면서 무척 기뻐했다.

"이런 은혜의 바탕에는 더 큰 은혜가 있습니다. 제가 지금 자유롭다는 은혜입니다."

한 나라가 자유를 잃으면 그 나라의 국민이 어떻게 되는가를 많은 사람들이 체험하고 있다. 생명을 유지하는 데 필요한 요소도 중요하지만, 자기의 마음을 이야기하고 자신의 인생을 살아가는 자유가 없다면 모든 것이 허망한 일이다.

내가 말하는 자유란 방임 상태를 말하는 것이 아니다. 만일 각자 자기가 하고 싶은 일을 완전히 자유롭게 할 수 있다면 문명은 파괴되고 세계는 혼돈 상태가 되고 말 것이다. 마음의 평안은 현대 사회의 법칙 혹은 관례와 보조를 맞추어 균형 상태를 유지해야 한다는 의미이다.

얼마 전의 일인데, 나는 얼마 동안 신체의 자유를 잃고서 뜻대로 나닐 수 없게 된 일이 있었다. 만약 나에게 마음의 평안이 없었다면 해야 할 일이나 취소해야 하는 약속 때문에 신경이 매우 곤두섰을 것이다. 그러나 나는 마음을 가라앉히고 이 책의 개요를 짜는 데에 시간을 썼다. 그 일은 장기간 하고 싶었어도 시간이 모자라 하지 못했던 일이었다.

그리고 나는 '모든 역경에는 그에 상응하거나 아니면 그 이상의 이익이 나올 씨앗이 뿌려져 있다'는 법칙이 옳다는 점을 증명했다.

'시간'의 관념은 '자유'의 관념과 밀접하게 연관되어 있다.

시간도 부의 일종이다. 그렇지만 금전과 달리 한번 지나가면 돌아오지 않는다. 약속 시간에 꼭 맞추어 도착했는데도 상대가 늦게 나타날 때는 시간을 사용할 자신의 권리를 유린당한 것처럼 느낄 것이다. 교통이 혼잡한 경우도 마찬가지다.

그래서 이러한 경험이 많은 비즈니스맨이나 세일즈맨들에게 말해두고 싶다. 기다리는 시간은 세일즈 포인트를 재점검하고 교섭이나 판매가 잘 성사되도록 준비하는 데 쓸 것을 권한다. 그냥 막연한 상태로 기다리는 버릇은 고쳐야 한다.

혼잡한 교통에 시달릴 때에도 마음을 가다듬고 사색에 잠기면 좋다. 그런 때는 잠재의식이 곧잘 활동한다. 장기간 걱정하던 문제나 의문의 해답이 나오는 일도 있다. 때로는 자신의 능력 개발에 보탬이 되는 라디오 프로그램이나 카세트 테이프를 들어보는 것도 좋은 일이다. 그렇게 하면 시간이 금방 지나가버린다.

마음의 평안은 다양한 광채를 발하는 멋진 요소이다. 그러면 앞서 말했던 것과 연관시켜보자.

"시간은 돈과 같지만 그것과는 달리 한 번 써버리면 돌아오지 않는다."

마음의 평안은 당신의 정신적, 육체적 건강을 위하여 가장 유익하다. 그 덕분에 당신의 수명이 늘어나고 말년에 가서도 활동적이고 생산적으로 살 수 있다. 그러므로 '잃어버린 시간'은 어떤 의미에서는 '되찾을' 수도 있다. 더구나 중대한 시기에 그렇게 할 수 있다.

자유 가운데에 마음의 평안이 있으며, 마음의 평안은 또한 자유의 기본이다. 따라서 "나는 자유롭다!"고 말하기 전에 다음 질문에 응답해주기 바란다.

1 상황의 변화에 따라서 예정하지 않았던 일로 나의 시간을 써야만 하게 되었을 때, 나는 그 시간을 유익하게 쓸 수 있을 것인가?

2 나는 일의 계획표를 정확하게 세워두고 있는가?

3 나의 자기주장이 사회적으로 받아들여짐을 알게 되면, 나는 그 방법으로 타인의 생각에 좌우되지 않고 주장을 밀고 나갈 수 있을까?

4 나의 일이나 사생활을 저해시켜온 가정의 습관, 지역과 분화적 습관으로부터 자신을 해방시킬 수 있을까?

5 타인이 해온 질문에 대해 "그것밖에는 방법이 없어" 하고 단정하지 않도록 조심하고 있는가?

6 나는 자신이 돈을 얻기 위해 일하는 것만은 아님을 알고 있는가?

당신이 위의 질문에 모두 "예" 하고 답한다면 당신은 본질적으로 자유로운 사람이다. 자유를 잃을지도 모른다는 공포를 갖고 있지 않다는 뜻이다.

특히 마지막 질문에 주목하기 바란다. 나는 부자들 가운데에도 마음의 평안을 갖지 못한 사람이 상당히 많다는 사실을 안다. 금전을 중시하는 것은 좋은 일이지만, 지나치게 금전을 숭배하게 되면 행복을 깨뜨리는 결과를 낳는다.

기억해두어야 할 것은, 이 책이 어떻게 부를 얻고 아울러 어떻게 마음의 평안을 갖추느냐를 강조하는 점이다.

자유를 잃는 공포를 버리고 전진하라!

늙음에 대한
공포심을
극복하는 방법

"나는 아마추어 야구에서 유격수를 보던 사람이오."

75세의 노인이 말했다.

"그런데 지금은 시속 2킬로미터도 안 되는 땅볼조차 잡지 못하는 신세지요."

자신의 신세를 한탄하는 말이다.

이런 투의 말은 노화를 두려워하는 사람의 전형적인 말투로써, 가장 보답을 많이 받아야 할 시기에 마음의 평안을 얻지 못한 사람이 내뱉는 말이다. 나이를 먹는다는 것은 틀림없이 핸디캡에 속한다. 그러나 특정한 신체의 움직임에 대한 것은 사람이면 누구나 겪는 일이 아닌가!

자연은 동등한 가치를 지니는 대용품을 선사해준다. 대용품을 맡겨

두지 않고서 모든 것을 가지고 사라지는 일은 절대로 없다. 만일 자연이 젊음을 빼앗아버렸다면 그 대신 지혜를 주고 간다. 젊은 사람은 체력이 있는 대신 성숙한 인간이 가질 법한 좋은 경험이 부족하다. 노화란 것을 두고 한탄하기에 앞서 그 점을 생각해보면 큰 도움이 될 것이다.

40세를 넘기고, 50세를 넘기고, 또 70세를 넘긴 것에 대해 핸디캡이 중가한 것으로 생각해버리는 사람을 볼 때마다 나는 가슴이 저며온다. 그런 핸디캡은 사실 사람들의 마음속에나 존재할 뿐이다. 그들은 젊은 사람들의 사고가 자신의 성숙한 사고마저 압도해버리지는 않을까 하는 콤플렉스에 싸여 있다.

그들은 젊음이 지나가버린 과거라는 사실을 두고 마치 부끄러운 일인 것처럼 머리를 조아리기도 한다. 그리고 사람들을 선도하거나 창조력을 살리는 등의 자신감 넘치는 모습을 스스로 부정하고 있다. 그렇기에 더욱더 '싱싱하고 젊은' 자질은 퇴화되고 만다. 젊고 탄력 있는 근육을 상실한 것이 머릿속에 있는 힘을 잃어버리는 것과 비례한다는 생각에 빠진다. 그러나 그런 기분이 생기는 것은 노화를 두려워할 때뿐이다.

나는 여든 살이 넘었을 때 몇몇 도시에 아주 새로운 시리즈의 '능력 개발 세미나 코스'를 개설했다. 성공하기 위한 적극적 사고 방법, PMA와 그 활용법을 습득하는 코스였다. 거기에는 모든 연령층의 사람들이 참가하고 있다. 나와 비슷한 나이의 사람들이 이런 기획에 동참하는 것이 부자연스러운 일일까? 그렇지 않다. 공포감을 가지고 장애를 안은 마음이 그것을 부자연스럽게 느낄 뿐이다.

한편, 지금의 나는 마음의 평안을 찾았지만 40년 전에는 그다지 강하지 못했다.

노인은 많은 것을 잃은 사람이라는 잘못된 고정관념이 사람들을 공포로 몰아넣고 있다. 한편으로 어떤 사람은 그렇지 않다는 것을 나타내기 위해 일부러 젊은 척하는 행동을 보인다. 그런 짓은 어색할뿐더러 오히려 자신을 슬프게 만드는 일이다.

주위에서 벌어지는 모든 일을 향해 몸으로 '때우려' 해서는 안 된다. 그 세계와 긴밀한 연락을 유지하면 족하다. 통신수단도 발달되었고 정보 혁명도 일어나고 있다. 전세계의 일은 순식간에 안방까지 전해진다. 나의 젊은 시절에 주위의 일을 알 기회가 오늘날처럼 쉽게 포착되었더라면, 사람들은 좀 더 현명해져 있을 것이다.

노년은 당신에게 가장 의미 있는 인생의 황금기이다.

나이듦에 대한 공포를 버리고 전진하라!

죽음은
누구나
불가항력이다

아버지는 공공연히 지옥의 무서운 불길에 대한 이야기를 자주 했었다. 나는 선량한 아이가 아니었으므로, 아버지는 내 행동을 바로잡아주려고 지옥의 공포를 주입시키기로 했었던 것 같다. 나뿐만이 아니었다. 그렇게 겁을 주는 사고방식으로 많은 어린이들이 키워졌다. 그러나 다행스럽게도 나는 그런 데에 얽매이지 않았다. 그래서 죽음을 두려워하는 마음도 생기지 않았다.

사후의 세계를 공포스런 분위기로 설명하는 종교도 있다. 만일 당신이 죽음의 공포를 떨쳐버리기 위해 자기의 종교를 무시할 수밖에 없다면 그렇게 하기 바란다.

어떤 문제에 대해 다른 사람이 나보다 월등하게 잘 안다고 믿지 않는

한, 나는 타인의 의견을 구하려 하지 않았다. 사람이 죽은 다음에 어떻게 되는가에 대해서는 많은 의견을 들어왔지만, 이 문제에 대해 '잘 안다'는 사람을 만난 일은 없다. 사후에 어떻게 될지 모른다고 해서 공연히 두려워할 필요가 있을까?

나는 어떤 상황이든 두 가지가 있음을 확신한다.

첫 번째는 자기가 조정하거나 수정하거나 회피할 수 있는 유형의 상황이다. 이것에는 주의를 기울일 필요가 있다.

두 번째는 자기가 조정할 수 없는 상황이다. 죽음은 그 유형의 대표적인 사례이다. 그러므로 나는 최대한 노력을 기울여 건강을 지키며, 정신도 건전하게 유지하고, 생명을 위협하는 요소를 피해가면서, 자기 보존의 동기를 잘 활용하도록 해나가고 있다.

결코 죽음 그 자체를 생각해서는 안 된다. 인간의 힘으로 어쩔 수 없는 일에 대해 고민한들 무슨 소용이 있는가?

당신은 사후에 자기 재산을 사랑하는 사람들에게 주고 싶다는 생각을 하고 있는가? 좋은 일이다. 그런 것은 마음대로 할 수 있다.

우리는 자신이 죽지 않는다고 생각하지는 않는다. 죽음을 불가항력의 사건으로 받아들이는 철학을 안다면 이제 두려워할 까닭이 없다. 당신의 마음은 죽음에서 삶으로 전환된다. '아니오'에서 '예'로 바뀐다. 억측에서 현실로 바뀐다.

죽음의 공포를 버리고 전진하라!

자기 암시를 통해
자기 확신을
이룩하라

인간을 창조한 분이 누구이건 간에 이 불가사의한 생물에게는 다른 모든 동물에게 없는 요소가 주어져 있다. 자기의 마음을 소유할 수 있는 권리가 부여된 것이다. 정당한 공포는 자기 보존의 일부이기도 하다.

인간은 공포를 감지하는 능력을 갖고 있다. 정글에서 표범을 만나면 누구든지 자기 보존의 방법을 찾으려 할 것이다. 그 감지 능력에 따라 위험이 따르는 상황에서 인간은 언제든지 신중하게 변한다. 드라이브를 하는 사람은 안전 운행을 하도록 핸들에 주의한다. 어린이에게는 횡단보도를 건널 때 좌우를 살피도록 가르친다.

그러나 자기가 만든 공포에 관해서는 이야기가 조금 달라진다. 아무래도 사람은 스스로 만든 공포를 더 쉽게 받아들이는 경향이 있는 것 같다. 그러나 심리학적으로 보든 아니면 상식적으로 보든, 자기가 만든 공포는 건강에 좋지 못하며 정신적으로 대단히 유해하다.

자기의 마음을 자신이 확실하게 소유하면, 그런 유형의 공포에서 해방될 수 있다. 인생을 살아나가는 데 있어서, 자기 자신을 확실하게 파악하면 그런 종류의 공포를 느낄 필요가 없으며, 고통받을 일도 없다.

다시 반복해보자. 공포심을 떨구어버리기 위해서 종교를 무시하지 않을 수 없다면, 주저하지 말고 그렇게 하면 된다. 자기가 사는 사회의 습관을 초월하여 성장할 필요가 있다면, 그런 사람들과는 과감하게 교제를 포기하는 편이 좋다. 당신에게 도움이 될 고용주와 더 좋은 고객, 그리고 더 믿을 만한 친구가 이 세상에는 얼마든지 있다.

자기가 먹는 음식 속에 독약이라도 들어 있을 성싶으면 당신은 어떤 수단을 써서라도 배제할 것이다. 마음의 독소라고 할 만한 공포심도 마찬가지로 과감히 배제해야 한다.

공포는 사람이 만든 악마이다. 자신에 대한 믿음은 이런 악마를 몰아내기 위한 무기이다. 한편 보람찬 인생을 구축하기 위한 도구이기도 하다. 그뿐이 아니다. 자신감은 대자연의 위대한 힘과 결부되어 인간의 배경을 형성해주고, 실패나 패배는 일시적인 경험에 지나지 않으므로 걱정할 필요가 없다고 생각하는 사람, 그런 사람의 뒤를 밀어준다.

또 하나의 '위대한 비밀'이 당신의 머릿속으로 들어갔다. 비밀의 모든 것을 당신에게 줄 때가 시시각각 다가오고 있다.

공포의 해독을 바로 보자

두려워하는 마음이 있으면 부정적이고 파괴적인 힘에 압도당하게 된다. 공포심을 가지면 그런 마음이 없었던 때보다 훨씬 큰 해독이 당신에게 미친다. 이 점은 빈곤에 대한 공포일 때 특히 그 영향력이 대단하다. 이 공포는 빈곤에서 벗어나기 위한 용기를 닥치는 대로 소멸시킨다.

당신의 마음에는 꿈을 실현시키는 무한한 힘이 있다

유익한 소망을 실현하기 위해서는 마음이 그 무엇에도 방해받지 않고 자유롭게 움직이도록 해주어야 한다. 비판받는 것에 대한 공포는 지적인 마음까지도 잃게 만든다. 성공한 사람들 대부분이 여러 가지 장애와 함께 타인의 비판도 극복했음을 기억하라. 공포에 사로잡히면, 즉 마음이 나약해지면 우리 몸에 여러 가지 병이 생긴다. 자신에 대한 강한 신념은 최고의 생명 유지력이며 최고의 약이나.

진정한 사랑과 자유에 대하여

진정한 사랑은 소유함이 아니다. 사랑하는 힘은 사랑이 거부되더라도 남는다. 사랑은 요구하는 것이 아니라 주는 것이다.

자유는 자기의 마음속에 존재한다. 외부의 상황과는 무관하다. 자유의 상실도 마음속에서 일어난다. 아무리 '자유로운 척'해도 그 점에서는 달라지지 않는다.

노년은 가장 멋진 인생의 황금기가 될 수 있다

자연은 언제나 잃어버린 것에 대한 보상을 해준다. 육체적 활력이 줄어들면, 그 대신 나이에 알맞는 지혜와 경험이 생긴다.

죽음에 대하여 부정할 필요는 없으나, 죽음의 커튼 저쪽에 무엇이 있는지
는 아무도 모르므로 무리하게 들여다볼 것까지는 없다. 우리들이 조종하
지 못하는 상황을 두고서 두려워할 이유가 없는 것이다. 아무리 나이를
먹더라도 적극적인 자세를 부단히 지켜나가면, 죽음의 공포가 마음속에
스며들지 않는다.

chapter **05**

저축하는
습관을 통해
돈의 주인이 되자

돈의
주인이
되어라

당신의 마음을 평안하지 못하게 만드는 요인이 무엇이건 간에 그것은 당신의 인생에서 가장 소중한 보배를 박탈해간다. 너무 열심히 돈을 찾아 헤매거나 필요 이상의 금전을 얻으려고 하면 마음의 평안을 잃어버릴지 모른다. 건설적인 일을 한 대가로 얻은 돈은 진실되게 당신을 위해서 쓰여지는 돈이다.

누구든지 돈을 모을 수 있다. 수입의 일부를 저축함으로써 돈의 가치를 알게 되기도 한다. 저축은, 저축을 하지 않으면 도망가버릴 많은 기회를 적절하게 활용하도록 만든다.

젊은이들을 보면, 돈 그 자체에 비중을 두는 사람이 별로 없는 듯하다. 앞으로 얼마든지 벌 수 있다고 생각할 때는 더욱 그렇다. 그것이 정상적인 사고일 것이다.

그런데 돈이 모자라면 생활이 어려워지고 마음의 평안이 깨지기 쉬워진다. 따라서 수입에 맞게 지출을 하는 습관을 들여야 한다. 결혼을 했든 미혼이든, 가계예산에 따라 계획을 세워야 하는데 여가와 여흥에 들어가는 비용을 줄일 용기가 없다면 예산 계획은 별 쓸모가 없다. 저축하는 습관을 들이려면 무리하게 여가를 즐기려 한다거나 씀씀이가 헤픈 부류와는 교제를 제한해야 한다.

한편, 성공하는 사람은 어릴 적부터 생활비 이외의 돈을 모으기 시작한다. 그 돈은 투자를 하거나 부동산을 구입하는 데 쓰는 경우가 많다. 그 사람이 정말로 적극적인 사고의 소유자라면 언젠가는 돈과 부동산을 상당히 많이 갖게 될 것이다. 자신도 모르게 부자들의 부류에 속하게 되는 것이다. 필요한 분량을 넘어서 상당히 여유가 있다는 의미의 '부자'이다. 이제 그는 필요한 것은 무엇이든 충족시키게 된다. 소득 신고서의 숫자상으로는 물론이요, 마음의 평안도 이룰 수 있다.

부를 얻고 마음의 평안을 지킴은 그 사람이 돈의 주인이 되었을 때 가능하다. 부를 얻고도 마음의 평안을 지키지 못함은 그 사람이 돈의 노예가 되었을 때이다.

어느
갑부의
죽음

　자기의 물질적인 부를 자랑하는 사람들을 가끔 본다. 내가 고급 주택
가에 대저택을 갖고 있었을 때 제멋대로 요란하게 물질적 풍요로움을
자랑하던 나의 무모한 잘못에 대해서는 이미 인정한 바이다. 그 집은 천
만다행으로 나를 영원히 못된 사람으로 만들기 전에 내 수중에서 사라
졌다.

　그렇다고 해서 부를 과시하면 누구나 위험한 상황에 부딪힌다는 의
미는 아니다. 그중에는 곤궁한 처지에 놓여 있으면서도 과시욕을 버리
지 못해 파산의 위기를 맞은 채로 끈질기게 버티고 있는 사람도 있다.
그러나 다른 사람의 눈에 거슬리도록 지나치게 허세를 부리면, 그의 영
혼은 갑판을 뛰어넘어서 금전의 바다로 사라져버린다.

몇 해 전인가 몇백만 달러를 벌던 사람이 갑자기 파산한 일이 있었다. 변호사들이 채무 변제를 위하여 그의 재산을 조사해보고는 놀라고 말았다. 그의 저택에는 커다란 창고가 있었고, 그 안에는 고가의 옛날 가구라든지 국보급의 그림이 꽉 들어차 있었다. 그것은 모두가 현금으로 구입한 물건이었다고 한다. 그렇지만 과연 그 사람이 가구와 회화를 즐기며 살았을까? 그 물건들은 안타깝게도 살 때 해둔 포장 그대로 그냥 있었다.

생전의 그는 자기야말로 진정한 갑부라고 말했었다. 마치 크로이소스리디아의 마지막 왕으로서 소아시아의 해안에 있는 도시국가를 정복. 그의 부는 격언으로 여겨질 만큼 거대했다와 같은 말투였다. 그런 축재성 부류와 마음의 평안을 아는 부류와는 아주 현저히 다르다.

만약 당신이 이 책을 읽으면서 성공이 오로지 돈에 의해 측정된다는 느낌을 받았다면 나로서는 실망을 금치 못할 것이다. 물론 돈은 성공을 이루는 중요한 요소이다. 유용하고 행복하고 풍요롭고자 하는 사람이라면 돈에 대한 적절한 가치 평가를 할 줄 알아야 한다.

차라리
돈을
태워버려라

　빈곤의 공포와 비슷한 공포가 또 하나 있다. 추하다는 점에서는 거의 같다고 할 수 있는데, 그것은 자신의 돈을 뺏기지 않을까 하는 공포이다. 이것은 보통의 부자들이 갖기 쉬운 공포감이다. 때로는 자신이 사용할 수 있는 양보다 열 배나 이십 배 혹은 삼십 배 정도를 높이 쌓아두지 못하게 되는 건 아닐까 하는 공포이다.

　나는 코카콜라 회사의 대주주 가운데 한 사람을 만난 일이 있다. 그는 여러 가지 방법으로 돈을 모아서 재산이 2500만 달러당시의 가치로 약 162억 5천만 원에 이르렀다. 그 사람은 과연 마음의 평안을 누리며 살았을까?

　천만에! 그의 마음은 증오와 불신으로 가득했다. 그가 가장 미워하는 상대는 정부政府였다.

그는 당시에 나이가 이미 80세를 넘었으나, 정부의 영향력으로 인해 자기가 죽을 때는 생활 무능력자가 되지는 않을까 겁을 냈다. 내가 마지막으로 그를 만났을 때, 그는 대단히 의미심장한 질문을 했다.

"만일 자네가 내 입장이라면, 마음의 평안과 돈을 어떻게 해서 지킬 것인가?"

"솔직한 의견을 말씀드려도 됩니까?"

"그럼! 당연하지."

"그렇다면……."

나는 운을 뗐다.

"만약 제가 선생님이라면, 그리고 마음의 평안을 얻고 싶다면, 돈을 지키려고 생각하지는 않을 것입니다. 선생님의 마음이 가져야 할 평안함과 선생님의 재산은 서로 앙숙인 것 같군요. 공존시키기는 어렵습니다. 제가 만일 선생님이라면 돈을 몽땅 정부가 발행하는 국채로 바꿔버리겠습니다. 그렇게 하면 내 돈은 모두 사람들을 위해 쓰이겠지요. 그다음에 국채를 한꺼번에 난로 속에 넣고서 불을 붙입니다. 나의 돈이 연기가 되어 굴뚝을 빠져나가는 것을 보면서, 나의 불행이 대부분 사라져가는 모습을 보게 되겠지요."

"농담 따위나 하자는 게 아니네!"

그가 내 말을 가로막으며 외쳤다.

"난생 처음으로, 가장 진지하게 말씀드린 것입니다."

나는 냉정하게 말을 이어나갔다.

"만일 제가 선생님만큼이나 돈이 많고 그 점이 내 마음의 평안을 깨뜨린다면, 먼저 그 돈을 모두에게 전달되는 곳으로 가져다주고, 그 증거인 정부의 차용증서, 즉 국채를 모두 태워버립니다. 그리고 침대에 누워서 어린아이처럼 푹 잠에 빠져버릴 겁니다. 잠에서 깨어나면 마음은 평안을 찾았기에 자유로워져 있겠지요."

나는 그 사람이 내 충고를 받아들이지 않을 것임을 처음부터 알고 있었다. 그는 어쩔 수 없이 죽는 날까지 공포와 번뇌 속에서 살아야 했다. 죽음이 다가오는 동안 그를 괴롭히던 공포와 쇠약함은, 그의 사랑에서 비롯된 것이었다. 그 사랑이란 인류를 위한 사랑이 아닌 돈에 대한 사랑에 뿌리를 두고 있었다.

"차라리 돈을 태워버려라!"라는 충고를 들어야 어울릴 만한 사람은 그다지 많지 많다. 그러나 모두가 한번쯤 생각해보아야 할 것이다.

마음의 평안만큼 중요한 것은 없다. 물론 젊은 사람으로서 그런 생각에 공감하는 경우는 대단히 드물다. 경험을 쌓으면 알게 되는 사람도 있으나, 대체로 모르고 지나간다.

꼭 기억해두기 바란다. 당신은 마음의 평안을 지키면서 부를 획득할 수가 있다. 그러나 만일 돈이나 그 밖의 요소가 당신의 마음을 괴롭힌다면, 마음의 평안 쪽을 선택하고 나머지는 포기할 일이다.

코카콜라 회사의 대주주가 정부에 대해 갖고 있던 불만을 내가 조금도 받아들이지 않았던 점에 주목하기 바란다. 그의 불만에 동조하는 일은 아주 간단하다. 그러나 나는 일부러 그렇게 하지 않았다. 오히려 표적을 그의 자세에다 두었다. 그는 흔히 말하는 억만장자의 2.5배나 되는 재산이 있었고, 그것을 잘 사용했다면 많은 사람들에게 행복을 줄 수 있었음에도 불구하고 그렇게 하지 않았다. 공포와 불신감이 그를 마음속에서부터 지배하고 있었던 것이다.

천억 달러를
바라던
사나이

나의 프로그램을 실천한, 무역업에 종사하던 남자가 있다. 어느 날, 그는 체재중이던 인도에서 날아와 나를 찾았다. 그전에 그는 나에게 편지를 보냈는데, 내용 속에 이런 글귀가 들어 있었다.

"제 인생의 주목적은, 헨리 포드가 축적한 부의 백 배에 해당하는 천억 달러를 손에 쥐는 일입니다."

그는 무섭게도 억만장자의 천 배나 되는 부자가 되고 싶어했다.

서재에 들어온 그에게 내가 질문했다.

"그런 엄청난 돈으로 무얼 하려는 것이지요?"

그는 조금 망설이다가 입을 열었다.

"사실을 말씀드리자면, 잘 모릅니다."

솔직한 고백이었다.

"그렇지요? 어느 한 사람이 천억 달러를 가진다는 것은 세상에 위협을 가져다줄 수 있어요. 그건 그렇다고 해둡시다. 만일 그만 한 금액의 돈을 당신이 인도 사람들을 위해서 쓴다면, 오랜 미신과 시대에 뒤떨어진 인습을 극복하고 싶어하는 인도 사람들을 구하는 데 쓴다면, 나는 당신의 말에 공감할 거요. 그렇지만 당신은 그냥 단순히 헨리 포드보다 많이 가지는 것에 목표를 두고 있는 것 같은데……."

그는 한참 동안 가만히 있다가 대답했다.

"그렇습니다."

다음에 나는 PMA에 나오는 노하우를 이용하여, 그 사람이 자기 자신을 발견하는 데 도움을 주었다. 그러자 그는 성난 말처럼 빨리 달렸다.

그와 대화를 나누어본 결과, 그 자신이 정말로 원하는 것을 입수하는 데는 25만 달러만 있으면 충분했다. 자신이 그 점을 깨달은 것이다. 그러고 나자 그는 쓸데없는 마음의 긴장을 푼 듯했고, 실제로 마음이 아주 편안해졌다고 말했다.

나는 그 남자가 인도에 돌아가기 전에 자기 나라에서 미국 제품을 판매할 수 있도록 몇 가지 계약에도 힘을 기울여주었다. 그의 이익은 25만 달러를 조금 넘었다. 참으로 우연치고는 신기했다!

마음이 상상하여 만든 일은 현실에서도 실현 가능하다. 물론 이런 경우의 마음이란 균형이 잘 잡힌 마음을 가리킨다.

자식에게 부를 물려주면
그 자식은
패배자가 된다

　나는, 사람은 자기가 죽은 뒤에, 가지고 있던 재산을 자신이 선택한 사람에게 전달되도록 분명하게 해놓을 필요가 있다고 말했다. 죽음을 마음대로 조종하지는 못하나, 유산은 가능하다. 그때 주의해야 할 점은, 재산을 물려받는 사람이 그 일로 인하여 마음의 평안을 뺏기지 않도록 하는 것이다.

　부자 아버지를 둔 자녀는 아버지만큼 재능을 발휘하지 못한다고들 말한다. 정말 그런 경우가 많다. 많은 귀공자들이 재능을 발휘하지 못하는 까닭은 그들이 부모의 재산을 물려받기 때문이다.

　대체로 그들의 아버지는 훌륭하게 사업을 일으켜서 재산을 모았다. 그의 통찰력과 열력, 그리고 사람을 보는 눈이나 세상을 관조하는 식견이 높아짐에 따라 이익이 쌓인 것이다. '아버지'가 그의 '아버지'에게 부를 물려받은 경우는 드물다. 그저 스스로 일을 해서 성공하였다.

그러나 그의 자녀는 어떠한가? 그는 태어나서부터 돈과, 무엇이든 돈으로 살 수 있는 쾌적한 환경 속에서 살아왔다. 그는 한편으로 막대한 재산을 상속받는다는 사실을 알고 있다. 혹시 그가 '자진해서 열심히 일한다'는 성질을 이어받았다고 한다면, 그 성질은 막대한 재산을 받는다는 사실에 영향을 받지 않을까? 고생을 하지 않더라도 돈을 번다는 현실이 그 성질과 뒤바뀌는 일은 없을까? 대체로 바뀌어버리고 만다. 그래서 그 아들은 인생의 가장 기본적인 수업을 소홀히 하게 된다.

막대한 재산이건 적은 재산이건, 그 대부분을 다른 사람들을 위해 도움이 되게 써야 비로소 축복의 대상이 된다. 어떤 아버지라도 자녀에게서 주체성을 박탈해서는 도움을 주지 못한다.

유산의 피상속자가 일을 하지 않아도 먹고살 수 있게 하는 것은 자녀를 위하는 길이 아니다. 당신은 자신의 후계자가 빈곤한 생활에 빠지는 일을 막아주고자 할 것이다. 그것은 당연한 마음이다. 그러나 정도가 지나쳐서 재산이라는 벽으로 그들을 인생에서 격리시키는 행동은 하지 말기 바란다. 그들이 스스로 인생에서 배운 지혜와 건설적인 사업을 기반으로, 보다 나은 생활을 해나갈 기회를 얻게끔 해야 한다. 그것은 아주 귀중한 기회이다.

나는 젊었을 때, 유복한 변호사이며 은행가이기도 한 어떤 사람의 개인 비서 일을 했었다. 그 변호사에게는 나보다 조금 나이가 많은 아들

두 명이 있었다. 두 젊은이들은 버지니아 대학교에 다녔다. 그들에게 매월 100달러 수표를 용돈으로 보내는 것도 나의 임무였다. 당시 100달러라면 엄청나게 큰돈이었다. 나는 그들을 얼마나 부러워했던가!

비즈니스 칼리지에 다니며 생활을 위해 기술을 배우려고 했던 나는, 말 그대로 호주머니에 동전 한 푼 없었으며 빈 배를 움켜쥐고 지내는 날도 있었다.

지금도 잊히지 않는 기억이 있는데, 과일 가게 앞에서 여섯 개에 10센트인 사과를 물끄러미 바라보던 일이다. 참을 수가 없어서 나는 그 상점에 들어갔다. 나는 내 아이디어를 상점 주인에게 팔려고 했다. 내가 학교를 나와서 돈을 벌 때까지 나를 믿고서 10센트를 빌려주지 않겠느냐고 말했다. 그러나 소용없는 일이었다. 그런 추억을 되살리면서 나는 그 아들들에게 돈을 송금했다.

드디어 고용주의 아들들은 졸업장을 손에 들고 돌아왔다. 그들은 아버지처럼 유능한 자질을 이어받았을까? 그것은 알 수 없다. 한 사람은 부친 소유의 은행에서 좋은 직책을 맡았고, 또 한 사람은 역시 부친 소유의 광산에서 중역으로 일하게 되었다.

나중에 들어서 안 일이지만, 두 사람은 부친의 재산을 깡그리 탕진해 없앴을 뿐 아니라 부친의 건강마저 악화시키고 말았다.

나는 이제 아무도 부러워하지 않는다. 왜냐하면 남을 부러워하는 마음은 평안을 깨뜨리기 때문이다. 돌이켜보면 나는 10센트의 장기 차용에 대한 교섭을 벌인 경험을 무척 소중하게 생각한다. 또한 돈을 벌기

시작했을 때 내가 발휘한 능력이 자기 자신의 충족 요소가 되었음을 감사하게 생각한다. 실패하고 재산을 잃었던 시절에도, 뒤를 돌보아줄 유복한 아버지가 없었던 점을 고맙게 생각하고 있다. 나는 역경을 거치면서 강력한 선생을 만날 수 있었다.

나의 저서 『Think and Grow Rich』는 아마 2천만 명 이상의 독자가 읽었으리라 생각한다. 이 책이 출판되고 나서 20년 동안 많은 독자와 대화할 기회가 있었다. 책을 잘 활용한 것만으로도 정말 유복한 사람이 된 것을 눈으로 확인하는 일은 아주 즐거웠다. 그러나 돈 버는 데만 책을 활용했던 사람이 있음도 사실이다. 그런 까닭에 다시 한 번 인생의 가장 훌륭한 풍요로움에 대하여 말해두고자 한다.

① 적극적 사고법PMA

② 몸과 마음의 건강

③ 인간관계의 조화

④ 모든 공포로부터의 해방

⑤ 장래의 성공에 대한 희망

⑥ 신념을 가진 염력

⑦ 타인의 행복을 기뻐하는 마음

⑧ 자기의 일에 대한 사랑

⑨ 모든 사물에 대하여 부딪힘이 없는 마음

⑩ 어떤 상황에서든 안정되는 자제심

⑪ 타인을 이해하는 도량

⑫ 충분한 돈

이상의 열두 가지가 마음의 평안과 함께하거나 또는 함께해야 할 풍요로움이다. 내가 돈을 마지막으로 써놓은 것에 주의해주기 바란다.

그것은 "돈은 충분하지 못하면 마음의 평안을 지키기 어렵다"는 나의 주장과 모순되는 것처럼 보이지만, 만일 내가 이 말을 마지막에 써놓지 않았다면 아마 당신은 그것을 제일 먼저 써넣을 것이다. 나는 그것을 너무 강조하지 않기를 바란다.

당신의 주의를 환기시키기 위해 다시 한 번 강조하고 싶다. 돈으로 살 수 있는 것이 많으나 마음의 평안은 돈으로 사지 못한다. 돈은 당신이 마음의 평안을 구하는 데 부수적인 도움이 될 뿐이다. 다만 당신이 자기 자신의 내부에서 힘을 발휘하지 않는 한, 비록 돈이 있어도 도움이 되지는 않는다.

풍요로운 삶을
향한
첫걸음

저축하는 방법을 알려주지 않은 채 저축을 해야 한다고 말하는 것은 종이 위에 말 한 마리를 그려놓고 '이것은 말이다'라고 하는 것과 같다. 저축은 습관의 문제이다. 그리고 사람은 습관의 원리를 통해 자신의 성격을 형성한다.

이 책은 당신의 목적지와 그곳에 도착하면 세상이 얼마나 다르게 보이는가에 역점을 두고 있다. 나는 여기서 첫발을 내디딜 때의 자세가 얼마나 중요한가를 강조하고 싶다.

자, 그렇다면 그런 자세가 확실히 몸에 배어 있는 사람에게 가르쳐주고 싶은 게 있다. 그것은, 자본이 아주 적은 사람이나 전혀 자본이 없는 사람이라도 부를 이룰 수 있는 실제적인 방법이다. 그러한 방법 하나하나는 그런대로 특수성을 가지지만, 무한정 수정해나갈 수 있다. 이 책을 읽는 도중 가끔 읽기를 멈추고, 이 방법을 당신 자신에게 적용해보는 것은 자유이다. 이 방법이 적용되는 범위는 당신 자신으로부터 시작해 당신의 재능, 주위의 환경, 그리고 특히 당신의 꿈이나 목표에까지 이를 것이다.

1. 타인에게 당신의 일을 도와주도록 만들고, 더구나 그 사람 자신을 위해 보람을 느끼도록 한다

생명보험 영업을 하는 젊은 사람이 어떤 집주인에게서 보험 가입을 승락받지 못해 애를 태우고 있었다. 고민에 빠진 그는 한 가지 아이니어를 떠올렸다. 그것은 사람을 직접 상대하지 않고 비즈니스 도구로써 보험을 활용하도록 경영자에게 제안하는 것이었다. 가장이 보험에 가입할 경우, 보험료는 가계비에서 지출되는 돈이다. 그러나 비즈니스로써 보험을 활용할 경우에는 그것이 경영적인 면에서 몇 배로 돌아올 기회가 생긴다.

결심을 한 그는 새로운 기분으로 보험 영업을 시작했다. 최초의 고객은 마을에서 꽤 유명한 레스토랑이었다.

그는 주인에게 이렇게 말했다.

"이 레스토랑의 요리는 건강을 고려하여 몸에 좋은 재료로 정성껏 만들었군요. 그렇다면 여기서 식사를 하는 손님은 장수할 가능성이 매우 크다는 점을 홍보하시면 어떻겠습니까?"

레스토랑의 주인이 기분 좋게 대꾸했다.

"옳은 말이오. 언제든지 그런 요리가 되도록 노력하고 있다오."

"그것 참 잘됐군요."

보험 판매원은 이제 자신의 아이디어를 이야기하기 시작했다.

여러 가지를 두고 이야기한 결과, 특별한 보험 메뉴가 나오게 되었다.

자주 들르는 단골 고객에게 1천 달러분의 생명보험을 서비스해주기로 하는 아이디어였다. 레스토랑 주인도 솔깃해져서 더욱 세세한 부분까지 대화를 나누었다.

그후 레스토랑에는 손님이 넘쳐나게 되었다. 당연한 말이지만 보험 영업자도 이익을 얻었다. 그는 이 아이디어를 주유소나 슈퍼마켓에도 적용시켜나갔다.

여기서 잠시 멈추고 어떻게 하면 다른 사람으로 하여금 당신을 돕게 만들지, 그와 더불어 그 사람도 자기 일에 도움이 되게 할지에 대해 한번 생각해보자.

2. 똑같은 금액으로 더 좋은 물건을 손에 넣을 수 있다는 사실을 상대에게 가르쳐준다

어떤 사람의 실례를 들어보겠다.

그 남자는 어느 잡지 판매 대리점에서 근무하고 있었다. 월급은 적었지만 각종 인쇄물에 관심을 가지고 있었던 그는 인쇄 방식에 감성과 스타일을 살려주면 그 잡지가 더 잘 팔릴 것이라고 생각했다.

그는 잡지의 전반적인 제작과정에 대해 생각해보았다. 그는 여기서 일처리가 만족할 만한 수준에 이르지 못하고 있음을 알아차렸다.

그것은 매우 중요한 문제였으므로 청년은 인쇄에 대해 깊이 있는 공부에 들어갔다. 인쇄에 대한 지식을 습득한 다음 이번에는 규모가 큰 인쇄 회사로 찾아가 교섭을 하여 인쇄 업무를 10퍼센트의 수수료로 처리해준다는 조건으로 거래를 성사시켰다. 그리고 인쇄의 대규모 수요자인 A사에 가서 지금까지 자신들이 발주했던 인쇄물의 견본을 모두 모아 가지고 집으로 돌아와 연구를 시작했다.

그는 반드시 수정이 필요하다고 판단되는 팜플렛 두세 가지를 골라 내 상업 디자인을 하는 프리랜서에게 각각 샘플 레이아웃의 제작을 의뢰했다. 그들에게는 일이 성사되면 높은 개런티를 지불하기로 약속했다. 카피라이터에게도 같은 조건으로 일을 부탁했다.

그리고 그는 그때까지 만든 것보다 훨씬 수준높은 샘플을 들고 다시 A사를 찾았다. 레이아웃과 감성을 살리면 얼마나 좋은 작품이 나올 수 있는가를 견본을 만들어 실증해보인 것이다.

결과를 말하기에 앞서, 고객의 입장에서 어떤 심리 상태를 일으켰는가부터 검토해보자.

첫째, 개인이든 회사든 '대충대충 넘어가자'는 수준에서 일이 진행되는 것이 현실이다. 어느 정도 불만이 있어도 구체적으로 무엇이 문제인지 확실히 집어내지 못한다. 어쩌다가 원인을 알아내도 귀찮다며 그냥 지나쳐버리기가 일쑤다.

둘째, 누군가 찾아와서 현재의 문제점에 대해 확실하게 밝혀준다. 동시에 더 잘 해내는 방법을 제시한다. 그뿐만 아니라 그것을 수정하는 계획까지도 완전하게 만들었다. 그렇다면 그것을 이용하지 않을 이유가 없지 않은가.

당신이 그의 입장이라면 어떠하겠는가? 어떻게 하면 같은 금액으로 더 나은 물건을 손에 넣을지, 상대에게 그 방법을 가르쳐줄 것이다.

조금 더 깊이 나아가보자.

상대가 동일한 금액으로 더 좋은 물건을 손에 넣을 수 있도록 도와주고, 이후에도 당신을 신뢰하여 무엇인가 가르쳐달라고 부탁하게 만드는 방법을 생각해보겠는가?

당신은 그것을 연구함으로써 당신의 스케일을 더 키울 수 있다.

3. 제조자와 소비자를 연결시킨다

옛날에는 농부가 자신이 키운 농작물을 시장에 운반하는 데 무척 고생을 해야 했다. 산속에 덩그렇게 떨어져 있는 밭을 상상해보면 알 것이다. 험한 길을 오로지 작은 마차로 이동해야 했다. 게다가 농부는 자기가 지은 농산물을 마을까지 운반하지 않으면 안 되었다. 무슨 짓을 해서라도 그곳으로 가야만 했다.

우리의 경제 사회는 여러 가지가 서로 복잡하게 연결되어 있다. 자동차가 생산되면서 도로를 정비하자 농부는 먼 곳까지 작물을 운반할 수 있게 되었고, 그 날 저녁까지 집에 돌아올 수도 있게 되었다.

드디어 누군가 마을과 마을 사이에 시장을 개설하기로 착안하였다. 물건을 사는 쪽이 자동차를 몰고 올 수 있게 되었고, 농부는 정기적으로 물건을 공급할 수 있게 되어 만족스럽다.

한편, 옛날의 농부들은 1년 중 두세 번 찾아오는 행상에게서 생필품을 구해야 했다. 행상은 등에 커다란 봇짐을 짊어지고 걸어서 왔다. 그가 펼쳐놓는 물건 가운데는, 농부의 아내가 쓰는 바늘, 실, 옷감이라든지 농부가 사용하는 담배와 낚시 바늘 등도 들어 있었다.

행상들은 농부들보다 많은 돈을 갖고 있었다. 왜냐하면 그들은 제조자와 소비자를 연결시키는 중요한 역할을 했기 때문이다.

농부가 말을 사거나 팔 때는 곧잘 중개인의 도움을 빌렸다. 중개인은 판매자와 구매자가 부르는 가격을 절충해주었고, 두 사람이 악수를 함으로써 거래가 성립했다. 중개인 역시 농부들보다 수입이 좋았다. 제조자와 소비자를 연결시켰기 때문이다.

나는 최근에 소련의 수요자들이 불만을 털어놓은 기사를 읽었다. 소련 사람들은 특정한 식료품을 파는 상점 앞에 길게 줄을 서서 몇 시간씩이나 기다리는 모양이다. 할 수 없다며 체념하는 사람이 대부분이지만 불만을 갖고 있는 사람도 적지 않다. 언젠가는 소비자가 편리하게 물건을 사고 팔 수 있는 슈퍼마켓이 선다는 가정 아래, 자유 세계 식의 사고 방식을 채용하게 될 것이다.

유통 과정이 발전하면 시장이 도처에 형성된다. 넓은 주차장을 필요로 하는 슈퍼마켓은 교외로 옮겨가고, 시골 구석에까지 세워지게 되었

다. 시류를 타는 방법을 눈치챈 토지 소유자는 그것을 이용하여 돈을 벌 수도 있었다.

어떤 부인이 20에이커약 24,500평쯤 되는 토지를 갖고 있었다. 그 땅은 키가 낮은 소나무만 무성하였다. 그녀는 그 땅과 낡은 집을 팔기로 결심했다. 동네 사람들은 몇 푼 받지도 못할 것이라며 동정했고, 역시나 근처 부동산에서 제시한 가격은 정말로 형편없는 수준이었다.

그러나 그 부인은 빈틈없는 사람이었다. 자기의 땅이 무엇엔가 꼭 적당히 쓰일 것으로 생각했다. 그녀는 한 달 동안 자신의 토지가 어디에 적합한가를 철저하게 조사하기로 마음먹었다.

한 달이 다 되어갈 때쯤 드디어 결론이 나왔다. 그것은 승마 연습장을 하면 어떨까 하는 결론이었다. 말을 타고 둘러보는 경치가 일품이며, 굳이 개발하지 않고 그대로 사용하더라도 훌륭한 승마 코스로 손색이 없다. 그렇다면 부동산에서 제시한 가격의 두 배는 될 것이다. 그녀는 혼자서 그렇게 생각했고 그녀의 생각은 꼬리에 꼬리를 물고 이어졌다.

그녀는 가까운 곳에 있는 슈퍼마켓 몇 군데를 조사해보았다. 그리고 자신의 땅이 슈퍼마켓으로도 적지임을 알게 되었다. 결국 그녀는 부동산업자가 제시한 가격의 다섯 배를 받고 슈퍼마켓을 할 사람에게 땅을 팔게 되었다.

많은 사람들이, 도로가 포장되고 교통이 편리해지면 통신판매회사가 없어지지 않을까 하고 예견했었다. 상점에 가서 직접 물건을 보고 고를 수 있는데, 카탈로그만 보고 살 필요가 있느냐는 생각이었다. 하지만, 시어즈 로벅이나 몽고메리 우드와 같은 통신판매회사는 여전히 번창하고 있다.

우편 요금과 발송 비용이 점차 오르고 있지만, 메일 오더 비즈니스 Mail Order Business는 더욱 성황이다. 취급 품목도 광범위해지고 있는데, 가구, 보존식품, 취미용품, 가전제품, 심지어 보트까지 팔고 있다.

무엇 때문일까? 시대가 달라져도 수요는 항상 계속되기 때문이다. 주문표에 주소와 성명을 적어 우편함에 넣으면 원하는 물건이 단시일 내에 배달된다. 이 판매 방식 역시 제조자와 소비자를 직접 연결시키는 방법으로써 존재하고 있다.

때로는 제조자가 소비자에게 직접 판매하기도 하지만, 그보다 훨씬 빈번하게 소비자와 제조자 사이에서 일하는 사람으로부터 구매가 이루어진다. 그들은 소매점일 때도 있고 제조자의 대리점일 경우도 있다.

어떻게 하면 제조자와 소비자를 연결시킬 수가 있을까? 이 시점에서 좀 더 생각해보기로 하자.

번 돈의 일부는
수중에
남겨두도록 하라

돈을 벌어들이는 것에 대한 화제는 굉장히 많다. 내가 이 주제를 가볍게 다루면 불만을 품는 사람이 있을지 모르나, 앞에 적어놓은 세 가지 항목을 다시 읽어보고 생각이 미치는 부분이 얼마나 되는지 살펴보자.

그 속에는 대단히 보편적인 테마가 들어 있다. 그런 요소를 확대시켜 나가면 광범위한 비즈니스 현장에 적용됨을 알 수 있다. 지평선 위에 기회의 빛이 어렴풋이 떠오르기 시작한다. 주의해야 할 점은, 어느 항목이든 특별한 기술이나 지식을 필요로 하지 않는다는 사실이다. 그것은 현재까지 내가 말한 실례를 보더라도 느낄 수 있었을 것이다.

당신의 사업 중에서 이러한 세 가지의 범주에 해당하는 부분이 얼마나 되는가 실제로 견주어보면 흥미가 생길 것이다.

자기의 일을 따로 떼어놓고서 자기 자신을 소비자로 생각해보면 몇 가지 새로운 점이 머리에 떠오를 것이다.

수입의 일부를 수중에 남겨두라는 것은 예측 불가능한 사태에 대비하라는 의미이다. 그렇게 하지 않으면 쓸데없는 빚을 지게 되고, 곤란에 처하게 된다.

저축은 모아둔 돈으로 무엇인가를 구입하는 의미 이상으로 효과적인 면이 있다. 저축을 하면, 그 돈을 써서 무엇인가를 구입하려고 할 때 꼭 있어야 할 필수품인지의 여부를 깊이 고려하는 습관이 생긴다.

돈이 제 역할을 하는 경우는 물건을 사거나 서비스를 받는 때에 한정된다는 점을 재인식할 수가 있다.

저축하는 습관은 낭비하는 습관을 일소해버린다. 또한 저축이 습관화되면, 물가가 올라가도 같은 급여로도 전과 변함없는 생활이 가능하다는 점을 알게 될 것이다. 무슨 까닭일까? 그것은 불필요하거나 시시한 데 돈을 갖다 버리는 일을 미리 막아주기 때문이다. 물품을 구매하는 방법도 현명해지며 의복이나 생활용품도 아껴 쓰게 된다. 그리고 자기에게 가장 유효한 금전 사용법을 터득하게 된다.

그렇다고 은행 예금을 늘리려고 무리하게 손가락만 빨고 사는 생활을 하지는 않는다. 현재의 생활수준을 유지하면서 저축할 수 있다는 것을 알게 된다.

이제 저축으로 모은 돈으로 무엇을 하면 좋을까? 미안하지만 누구에게나 해당되는 좋은 비결을 한마디로 표현할 수는 없다.

내가 지금까지 보아온 경험에 따르면, 아주 적은 저축 금액(그것도 겨우 200달러 정도)을 밑천으로 삼아 장래성이 있는 사업을 시작한 예도 많다. 그런 소규모의 투자가 몇만 배가 되어 돌아온 사례도 있다. 물론 확실하게 기대하지는 못하겠으나, 기회가 찾아왔을 때 저축한 돈이 있는 사람은 돈을 빌리지 않아도 그 기회를 이용할 수 있게 마련이다. 그 점을 마음속에 심어두기 바란다.

SUMMARY

당신은 돈의 주인인가? 아니면 노예인가?

자신이 필요로 하는 액수보다 많은 금액을 벌게 되거든, 부와 마음의 평안, 양쪽을 모두 즐기며 만족한 삶을 누리도록 하라. 당신이 돈의 주인이 되면 마음의 평안을 가질 수 있지만, 돈이 당신의 주인이 되면 마음의 평안이 사라진다.

타인의 눈에 거슬리는 소비를 하면서 살아가는 사람이 너무도 많다. 몇백만 달러를 소유하고도, 그 재산을 잃을까 두려워하며 살아가는 사람도 상당히 많다.

만약 돈이나 기타 요인이 당신의 마음의 평안을 깨뜨린다면, 마음의 평안쪽을 선택하고 나머지는 버리는 편이 낫다.

당신에게 가장 유익한 돈은, 당신에게 유익한 길에서 얻어지는 경우가 많다

당신 자신의 금전 철학을 가지고, 꼭 필요한 돈의 몇 배나 되는 돈을 벌겠다며 허둥대기를 그만두면 생각했던 것보다 많은 돈을 벌 수 있다.

어떤 아버지든지 자기 자식의 주위를 돈으로 둘러싸버린다면 자식을 위하는 것이 아니다. 성실하게 일을 함으로써만 인생의 귀중한 교훈을 배우게 된다.

인생을 풍요롭게 하는 열두 가지 요소를 마음속에 간직하고서 풍요로움을 찾아나서는 당신의 여행은, 우선 자신의 내부에서부터 출발해야 한다는 점에 주의하기 바란다.

194

상대의 성공을 보면서 당신에게도 성공하는 방법이 있음을 가장 먼저 알아야 한다.

또 하나는 같은 금액으로 더 좋은 것을 얻을 수 있다는 점을 타인에게 알려주는 일이다. 그 방법 중 한 가지는, 제조자와 소비자를 연결시키는 것이다. 여기에는 여러 가지 시스템이 존재한다.

번 돈의 일부는 수중에 남겨두는 습관을 기르자

번 돈의 일부는 쓰지 말고 꼭 남겨두자. 돈을 빌림으로써 마음의 안정을 잃는 결과를 초래할 수도 있기 때문이다.

돈이 부족하다고 느끼는 사람은 낭비를 하지 말아야 한다. 절약은 부의 지름길이기도 하다.

자기의 업무시간 90퍼센트를 타인을 위해 쓴 사람 █ 다른 사람을 유익하게 하는 것이 자기 자신에게도 유익하다 █ 돈은 그것을 쓸 줄 아는 사람에게 찾아온다 █ 부가 부를 부른다 █ 성공 철학의 승리 █ 나눔의 행복

chapter **06**

훌륭한 기교
'나눔'을
몸과 마음에
익혀라

자기의 업무시간
90퍼센트를
타인을 위해 쓴 사람

PMA 프로그램의 이용자 가운데 한 사람인 에드워드 쵸트는 뉴잉글 랜드 생명보험회사의 LA 지사에서 일하고 있었는데, 제2차 세계대전 중에 정부를 지원한다는 명목으로 전쟁 비용 채권을 판매하기로 결정했다. 그는 자기 시간의 80퍼센트를 그 일을 하는 데 보냈다. 그러나 그에게 돌아오는 직접적인 보수는 아무 것도 없었다.

그런데다가 남은 시간의 50퍼센트도 직접적인 경쟁 상대인 다른 보험 세일즈맨을 위하여 상담하거나 지도하는 데 사용했다. 결국 자신의 보험 세일즈에 쓸 수 있는 시간은 나머지, 즉 전체 시간의 겨우 10퍼센트에 불과했다.

근무 시간의 90퍼센트를 다른 일을 하는 데 쓴다면 자기의 일은 엉망이 될 게 뻔하다고 생각할 것이다. 그 당시에 생명보험의 영업인은 연간 100만 달러 정도의 계약을 따내면 우수한 편으로 분류되었다. 그는 전쟁이 시작된 해의 첫 3개월 동안 이미 150만 달러 이상의 계약을 체결했는데, 계약의 대부분은 계약자들이 그의 사무실로 찾아옴으로써 체결되었다. 그를 믿고서 신청서에 싸인을 하러 오는 사람들과 계약을 한 것이다. 그 사람들은 자기 시간의 90퍼센트를 기꺼이 서비스해준 그의 보험 업무에 보답을 해준 것이었다.

시간을 내서 서비스해주면서 쵸트 자신이 어떤 대가를 바란 것은 아니었다. 그러나 진심에서 우러나오는 남에 대한 배려에는 반드시 그 대가가 따른다. 그것이 바로 '대상代償의 법칙'이다. 쵸트는 그 점을 알고 있었던 것이다.

'대상의 법칙'이란 다음과 같이 생각하면 된다.

당신이 타인과 행복을 나눌 때마다 상대에게 어떤 빚을 지게 하는 것이다. 그 빚은 반드시 되돌아오게 마련이다.

다른 사람을
유익하게 하는 것이
자기 자신에게도 유익하다

　누구에게나 줄 수 있는 귀중한 선물 중 하나는 '인생의 지침'이라는 이름의 선물이다. 어떤 사람에게 그 사람 자신의 힘을 집중시키는 방법과, 희망하는 방향으로 힘을 확장해나가는 방법을 가르쳐주면 100만 달러의 돈을 주는 것보다 더욱 그 사람을 위하는 길이 된다.

　앤드류 카네기가 도서관을 기증하기 위하여 몇백만 달러씩을 사용한 것은, 그렇게 하면 각종 지식이 보급되어 국민 전체의 지적 수준이 높아질 것으로 기대했기 때문이다. 그는 스스로 만든 '성공의 비결'을 더욱 실용적인 것으로 만들기 위해 나에게 그 작업을 의뢰했다. 이 역시 만인에게 비결을 전수해주고 싶었던 그의 소망에서 나온 것이다.

　나의 가장 큰 보람 가운데 하나는 나의 저서 『Think and Grow Rich』

가 성공 철학을 넓히는 수단으로써 배포되는 것을 본 일이다. PMA 프로그램을 자기도 포함해서 많은 사람들에게 실천하게 만든 쵸트도 이 책을 몇백 권씩 배본한 사람이었다. 그는 내 책을 많은 사람들에게 나누어 주었다. 자기를 성찰하는 데 좋다고 하며 갖다준 것이다. 그런데 어찌된 영문인지 그 책을 받은 사람은 생명보험의 유망한 고객이 되었고 그의 수입을 늘려주었다. 그 책에는 생명보험의 필요성을 털끝만큼도 다루고 있지 않았으나, 결과적으로 그렇게 된 것이다.

또 한 사람의 이야기를 해보겠다. 그는 200달러도 채 안 되는 돈을 밑천으로 삼아 캘리포니아의 오클랜드에 왔다. 그는 자금의 절반을 '사고는 물질이다'라는 내용이 담긴 『Think and Grow Rich』를 구입하는 데 썼다. 그는 이 책을 일주일 동안씩 기한을 정하여 근처 사람들에게 빌려주었다. 기한이 끝나면 책을 찾아서 다음 사람에게 건네주었다. 그는 나에게 와서 왜 그런 행동을 했는지 그 이유를 말해주었다.

"인생이 달라지게 만드는 훌륭한 철학을 모두에게 나누어주고 싶었기 때문입니다."

그는 계속해서 말했다.

"당신의 책을 돌려보도록 한 것은 우정에 가득 찬 철학을 근처 사람들에게 소개하여 친해지고 싶었던 이유도 있습니다. 그 밖에 다른 목적은 없었습니다."

그런데 '뜻밖의 일'이 벌어졌다. 그는 그곳에서 작은 선반 한 대를 놓고 철공일을 하고 있었는데, 이웃 사람들이 그에 대해서 선전을 해준 것이다. 물론 좋은 의미로서의 선전이었고 점점 주문이 들어왔다. 홍보비를 한 푼도 들이지 않았으나 일이 늘어났으며 굳이 영업을 할 필요도 없었다. 그는 얼마 지나지 않아 자기 점포에 10만 달러짜리 대형 기계를 설치하기에 이르렀고, 총 매출액은 이윽고 100만 달러를 넘었다.

"굉장한 일입니다. 다른 데서는 이런 이야기를 들은 적이 없으며 나 자신도 놀라고 있습니다."

감동에 겨운 그의 말이었다.

당신도 '베푼다'고 하는 훌륭한 기법이 당연하게 들릴 때쯤이면 그런 이야기가 특별하게 느껴지지 않을 것이다.

그러나 이것이 새삼스러운 사고방식이라고 할 수는 없다. 역사상의 위대한 철학자들은 대부분, 인간이 자기가 지닌 부(돈, 시간, 서비스, 친절, 그리고 사랑)를 남에게 베풀 때 자기도 많은 돈을 손에 넣을 수 있다고 말한다.

돈은
그것을 쓸 줄 아는
사람에게 찾아온다

 돈이 많고 이름난 사람에게는 돈을 기부해달라는 의뢰가 끊이지 않는다. 그런데 기부를 요구하는 사람의 실체를 잘 알 수 없는 경우가 많다. 돈이 많은 사람들은 그 점을 파악하고 있다. 따라서 응해야 할지 말아야 할지 망설인다. 그러나 일일이 저울질해보는 것도 무척 번거로운 일이다. 간단하게만 생각하자면 큰돈을 사선사업에 내거나 아니면 기금을 마련해놓는 것이 상책이다.

 돈의 가치는 금액이 많고 적음이 아니라 그 사용 방식에 있다. 이 말의 뜻은 열심히 일하여 돈을 벌어본 사람이라면 쉽게 알 수 있다. 이 진리는 금액이 100센트이건 1억 달러이건 똑같다.

 어느 날, 헨리 포드에게 돈을 기부해달라는 의뢰가 들어왔다. 의뢰한

사람은 조지아에 살던 마사 베리1866~1911였다. 그녀는 마사 베리 스쿨
현재의 베리 칼리지의 창립자로서, 학교에 얼마의 돈을 기부해달라고 부
탁을 했다. 포드는 그 부탁을 거절했다.

"그러시다면……. 우리에게 땅콩 종자를 한 자루 주시겠습니까?"

포드는 그녀의 뜻에 따라 땅콩 종자를 보내주었다.

마사 베리는 학생들의 도움을 받아서 농장에 그 씨를 심었다. 그리고
거두어들인 것을 팔았는데, 판매 금액은 현금 600달러였다.

그녀는 포드를 찾아가서 600달러를 건네주며 말했다.

"우리가 돈을 사용하는 방법을 알고 있다는 것을 이제 아시겠지요?"

포드는 그녀에게 받은 600달러에 200만 달러를 더 얹어 마사 베리에게 기부했다.

그 자금으로 학교에는 훌륭한 석조 건물이 세워졌다. 그 건물은 조지아의 베리 산기슭에 있는 마사 베리 스쿨의 캠퍼스를 아름답게 꾸며주었다.

포드는 그런 기부를 거의 하지 않는 사람이었다. 경험한 바에 의하면, 기부를 해도 그 돈이 돈을 잘 운용할 줄 모르는 사람의 수중에 들어간다는 사실을 알고 있었기 때문이다.

마사 베리가 생존해 있는 동안, 포드의 자가용이 매년 한 번씩 그녀의 학교 근처에 있는 빈터에 나타났다. 포드 부부가 학교를 방문한 것이다.

헨리 크라운은 리투아니아에서 미국에 건너온 가난한 이민자였다. 현재 그는 유명한 기업 제너럴 다이나믹스의 지도자이자 억만장자이다. 크라운은 야심만만한 젊은이들에게 돈을 취급하는 방법을 가르치는 데 거금을 쏟아부었다. 상당수의 대학에는 크라운 기금을 만들었다. 어떤 대학에서는 매년 경제학 클래스에서 그 돈을 주식 같은 것에 투자하기도 한다. 자금 운용에 대한 실습을 하는 셈이다. 그리고 이익이 나면 전원이 그것을 나눠 갖고, 기금은 그대로 다음 학년에 인계된다.

부가
부를
부른다

한 사람의 수중에 많은 돈이 모여 있기보다는, 여러 사람에게 돈이 돌아다니는 편이 부를 증가시킨다. 따라서, 이처럼 순환하는 돈을 취급하는 사람은 부를 증가시키는 일에 관심을 가지지 않으면 안 된다.

인간의 행복과 마음의 평안은 여러 가지 형태의 부를 어떻게 나누느냐에 달려 있다. 비즈니스 관계에서는 파는 사람과 사서 쓰는 사람 사이에 일종의 '사랑'의 관계가 형성되는 편이 바람직하다. 어감이 좀 어색할지 모르나 '인간에 대한 봉사의 마음'이라고 생각하면 된다. 그 마음이 인간관계에 녹아들어가면, 쌍방에게 모두 유익하게 된다.

헨리 포드는 이렇게 말했다.

"내 마음의 극히 일부가 조립 라인을 떠나는 자동차 한 대마다에 조금씩 들어 있다. 나는 '판매한 자동차가 우리에게 이익을 가져다주었다'는 생각을 하지 않는다. 팔려 나가는 차는 '구매해준 여러분에게 드리는 서비스'라는 관점에서 보고 있다."

한편 토머스 에디슨은 말했다.

'나는 발명이 다른 사람에게 주는 서비스라는 사실을 생각하지 않고 발명을 완성시킨 적은 없다."

고객에게 상품을 판매할 때 그보다 더 나은 그 무엇인가를 고객에게 주어야 한다는 사고방식은 새삼스러울 것이 없다. 그렇게 함으로써 좋은 비즈니스와 양질의 고객을 만든다는 사실은 이미 역사가 증명해주고 있다.

오늘날, 억만장자의 수는 엄청나게 많다. 지난 10년간의 세무 신고에서는 새로 억만장자가 된 사람이 수천 명이나 된다. 요즘의 억만장자는 옛날의 부자들이 바라던 세상 사람들의 부러움 같은 것을 원하지 않는 것 같다. 따라서 독자들은 아마 대체로 그들의 이름을 모를 것이다.

옛날 부자들은 다른 사람이 새롭게 자기들 틈에 끼는 것을 싫어했다. 그래서 은연중에 상류사회를 형성하고, 국외자들을 멀리했다. 그러나 요즘은 그런 의식이 그다지 강하지 않다.

게다가 부의 분배가 옛날보다 더 형평성을 얻었기 때문에 누구라도 부자가 될 기회가 많아지고 있다. 경영자들은 근로자를 기업의 동반자로 생각하는 편이 자기들이나 근로자에게 좋으며, 동시에 사회 전체적으로도 가치 있는 일이라는 점을 깨닫게 되었다.

성공 철학의
승리

R.G.르 트루노 사에는 많은 사원들이 일하고 있다. 몇 년 전인가 나는 이 회사의 중역에게서 전화를 받았다. 그는 지난날 PMA 프로그램을 수료했었다.

"즉시 이곳으로 와주십시오. 당신만이 해결할 수 있는 일이 벌어졌습니다."

르 트루노 사에 도착했을 때 나는 곧 그 기업을 파괴할지도 모를 과격한 사상이 노동조합이라는 외형으로 가장하고 침투해 있음을 알게 되었다. 회사는 그러한 '사상'에 대한 저항력을 사원들에게 길러주고 싶어했다. 그래서 나를 부른 것이다.

나는 보수에 대해 묻는 책임자에게 이렇게 대답했다.

"나를 자유롭게 행동하도록 만들어주십시오. 만일 문제가 해결되지 않으면 사례는 받지 않겠습니다. 일이 해결되면 나중에 금액을 말씀드리지요."

그런 조건으로 일단 타협을 보았다. 나는 공장 안에 간이침대를 들여놓고 거기에서 밤낮을 보내기로 했다.

문제는 두 가지였다. 첫째는 사원들이 자기들의 노동에 의해 발생한 이익을 회사가 어떻게 환원시켜주는지 모른다는 점이었고, 둘째는 사원 스스로가 어떻게 해야 하는지를 자신의 머리로 생각하지 않는다는 점이었다.

그들에게는 여러 가지 공포심이 따라다녔다. 특히 빈곤의 공포가 심했다. 그리고 공포는 그들의 능력을 깎아내렸다. 부정적인 사고방식, 다시 말해서 NMA가 작용하여 이미 갖고 있는 능력조차 믿지 못하게 만들었다. 부와 행복을 얻기 위해 누구나 갖고 있는 능력 말이다.

과격 사상의 중심 인물들은 사원들에게 그들의 장래가 타인의 손에 장악되어 있다고 말하면서 돌아다녔다. 그렇게 함으로써, 사원은 경제 집단의 톱니바퀴에 지나지 않는다고 믿게 했다.

나는 과격 사상의 소유자와는 직접적인 논쟁을 피했다. 그 대신 사원들에게 PMA 프로그램의 요점을 가르쳤다. 나는 그것을 가르치지 않으면 안 되었다. 얼마 지나지 않아 르 트루노 사의 사원들은 자기들 마음속에 얼마나 훌륭한 힘이 잠재해 있는지를 깨달았다. 그 멋진 힘은 절대로 다른 사람이 사용할 수 없으며 사용해서도 안 될 대상이었다.

그들은 일을 한다는 것이 무슨 의미를 가지는지 차츰 이해하기 시작했다. 한편 일을 함으로써 인간에게 어떤 대가가 주어지는가도 알게 되었다. 그들은 현대 사회의 부자는 날 때부터 부자가 아니라는 사실도 알게 되었다. 자기 번영을 위해서는 스스로 능력을 활용하여 그것을 마음껏 발휘해야 한다는 점도 깨닫게 된 것 같았다.

나는 그 일에 성공했다. 보수를 청구하고 기꺼이 그 돈을 받았다. 8개월 후에는 보너스까지 받았다.

이제 당신은, 부富란 누군가에게서 억지로 뺏는 것이 아니라는 점을 이해했을 것이다. 그것은 타인에 대한 서비스에서 나오는 것이며, 당신 자신의 적극적이고 자발적인 내부의 원동력을 충분히 발휘하는 데서 이룩되는 것이어야 한다.

나눔의
행복

나는 가끔 결혼 상담을 의뢰받는 일이 있다. 그중에서 이혼하는 편이 낫다고 판단하는 경우도 있는데 거기엔 그럴 만한 이유가 있다. 부부 사이에 '나눔'의 정신이 없다는 것이 그 이유이다. 그것은 결코 하찮은 이유가 아니다.

나눠 가진다는 마음이 없으면 반드시 문제가 표면에 나타난다. 나눠 갖는다는 마음이 사라지면 거기에서 여러 가지 사고가 발생한다.

당신은 살아가면서 재산을 모을 것이다. 그때 아내가 마음대로 쓸 수 있는 그녀 전용의 자금을 가지게 하는 게 바람직하다. 그것은 엄밀하게 말한다면 그녀 혼자만의 자금이 아닐지도 모른다. 왜냐하면 당신이 경제적인 곤경에 처한다면 그녀가 그것을 또 나눌 것이기 때문이다. 당신이 아내를 피고용인으로서가 아닌 권리를 가지는 인간, 파트너로서 인정한다면, 그 돈은 진실로 그녀 자신의 돈이다.

요즘 미용실의 잡담 가운데 가장 자주 입에 오르내리는 화제가, 어떻게 하면 아내가 남편에게서 돈을 기술적으로 잘 빼내느냐는 것이라는 우스갯소리가 있다.

헤어 드라이어로 머리를 말리면서 고백하는 내용 가운데는, 식료품을 사야 할 돈을 시시한 오락에 써버리고 나서 남편에게 말을 못하는 것도 꽤 있다고 한다. 그런데 손해 본 금액도 그다지 많지 않고 오락이 죄악인 것도 아니다. 즉, 사태를 악화시키는 원인은 남편에게 솔직히 말하지 않는 데 있다. 그런 여성들의 변명을 들어보면 대체로 이렇다.

"남편이 얼마나 화를 낼까! 그걸 안다면 내가 왜 남편에게 말하지 못하는가를 당신도 이해할 거예요."

한편, 남편들은 대체로 자기 급여가 얼마나 되는지, 또한 술값과 노름에 돈이 얼마나 쓰이는지를 아내에게 알려주지 않는다.

남편이 나누어 가지려고 하는 태도만 보여준다면 아내는 남편을 순순히 따르게 마련이다. 부부가 모두 함께 알아야 할 정보 중에서 중요한 것은 남편의 수입액과 그 수입원의 내역이다.

나누어 가짐, 그것이 결혼이다. 나누면서 살기 싫으면 혼자서 살아야 한다.

인간은 어느 한 가지 분야에서 성공하면, 그것이 기반이 되어 그 밖의 다른 분야 전반에 걸쳐 성공하기 쉬운 세상에서 살고 있다. 그중 특히

가정에서의 마음의 평안이 이루어진 사람은 어디에 가든 그 마음 자세가 유지된다.

길에서 어떤 사람이 당신을 멈춰 세우고 길을 물었을 때 그것을 가르쳐주면, 당신은 지식을 나누어 갖는 셈이 된다. 그런 일을 하는 데 돈이 있어야 하는 것은 아니다. 당신이 인간적으로 친절미가 넘친다면, 아주 시간을 들여 자세하게 설명해주거나 아니면 다음 교차점까지 안내해서 길을 가르쳐줄지도 모른다.

아무리 가난해도 나눠 가질 것은 많다. 어떤 면에서는 가난한 사람이라도 부자만큼이나 나눠 가질 것을 갖고 있다. 사랑과 친절이 여기에 해당한다. 이런 것들을 나누는 데 있어 누구나 실천할 수 있는 일반적 방법을 세 가지만 들어보겠다. 그냥 그대로 응용하기는 어렵겠지만 돈을 나눠 갖는 이상으로 가치 있는 일이다.

1. 당신도 특별한 기술과 지식을 무보수로 나누어 가질 수 있다

우리들은 대개 특별한 기술이나 지식을 갖고 있으며 그것은 돈벌이를 하는 데 도움이 된다. 우리는 지식을 판매하는 데 숙달되어 있다. 이번에는 그런 기술을 '보수' 없이 제공해보자.

어느 대도시의 슬럼가에 어린이를 위한 클럽 하우스가 세워졌다. 지역 사람들은 매우 기뻐했다. 기본적인 건설비는 기금으로 충당되었으나, 그렇다 해도 여러 사람의 지식과 기술이 제공되지 않았더라면 클럽 하우스는 세워지지 못했을 것이다.

변호사는 법인 등기에 관한 서류를 정리하거나 필요한 수속을 대신 해주었다. 목공들은 사물함을 만들어주었다. 페인트 도장업자는 자기들의 일을 끝낸 다음, 지원자를 모아서 내부에 밝은 색으로 칠하도록 감독해주었다. 석공은 입구 한쪽에다가 콘크리트 비탈면 계단을 만들어 휠체어가 다니기 쉽도록 했다.

이처럼 제작에 전문 분야를 살려 나눠 가짐으로써 그들은 보수를 받고 일할 때보다 더 큰 마음의 평안을 느꼈다고 한다.

2. 거리감이 생기거든 함께 노력하라

에이킨즈 씨는 새로 이사온 이웃인 버비트 씨가 아직 잔디깎이를 살 틈이 없었다고 하자 자기 것을 빌려주었다. 그 일이 두 집 사이를 친한 이웃 관계로 만드는 계기가 되었다.

한때는 험악한 관계가 될 사태까지 벌어질 뻔했었다. 버비트 씨가 잔디를 깎은 후 기계를 돌려주었는데, 날 하나가 빠져 있었던 것이다. 그것을 발견한 에이킨즈 씨는 상대를 자극하지 않기 위해 조용히 말했다.

"댁의 정원에 보이지 않는 돌이 있는 모양이군요. 날이 빠지셨거든요."

그러자 버비트 씨는 "빌려갈 때부터 날이 빠져 있었어요"라고 대꾸하고는 훌쩍 나가버렸다.

날이 빠진 부분은 금방 빠진 표시가 날 정도로 번쩍거리고 있었으므로 분명 예전부터 빠진 것이 아니었다. 그러나 에이킨즈 씨는 그 이상 아무 말도 하지 않았다. 그는 이제 이웃 사람을 길에서 만나면 눈인사

정도 하는 것으로 해두자고 마음먹었다.

어느 날 버비트 씨가 새로운 잔디깎이를 가지고 왔다.

"이걸 사왔는데 써보시겠소?"

버비트 씨가 말했다.

"사실은 그때 날이 망가진 걸 알고 있었지요. 그런데 주머니에 가진 돈이 없어서 그만……. 그래서 일전에 망가진 날을 수리하는 것으로는 아무래도 마음이 찜찜해서, 이렇게 사과하는 뜻으로 준비했으니까 받아 주십시오."

현금을 빌려준 것도 아닌데 이자가 붙어서 돌아온 것이다. 그러나 잔디깎이보다 훨씬 더 가치 있는 것은, 그때부터 두 가정 사이에 싹튼 친밀한 인정이다.

3. 상대를 인정하고 평가하는 것은 대단히 중요한 일이다

자기가 어떤 역할을 담당해내는 사람으로서 인정받는 일은 매우 기쁜 일이다. 입장을 바꿔서 상대를 인정하기로 하자. 나눠 가진다는 것은 바로 그런 일이다.

예를 들면, 더운 여름날에 주유소 신세를 진다고 치자. 차가 들어가면 서비스맨이 달려나와서 땀을 닦으며 재빨리 응대해준다. 당신은 그 서비스맨이 고생을 한다는 생각에 "천천히 하세요. 서두르지 않아도 돼요"라고 말한다. 그렇게 말하면, 다음에 당신이 그곳에 갔을 때 서비스맨이 당신을 기억해줄 것이다.

당신이 고용주이거나 감독의 입장에 있는 사람이라고 가정해보자. 부하 중에서 일을 잘하는 사람이 한 명 있다. 일을 시키기 위해서 고용했으므로, 일을 잘하는 것은 당연지사라고 생각하는 고용주도 있을지 모른다. 그러나 그것은 어리석은 고용주의 모습이다. 현명한 관리자는 부하가 일을 잘하면 장본인에게 칭찬을 한다. 사람이란 자기를 인정해주는 상대에게 호감을 느끼게 마련이고, 그 다음부터 더 열심히 일하려고 애쓰는 것이 사람의 마음이다.

누구에게 친절하게 대하거나 무료 봉사를 한다고 해서 그 보람이 눈에 띄는 것은 아니다. 그렇지만 마음속에는 항상 보람이 있다. 당신이 '자기 자신을 베풂으로써' 자기를 키울 수 있기 때문이다. 언제나 당신에게 유리한 작용을 해주는 '대상의 법칙'이 있음을 잊지 말기 바란다.

부를 나누어 갖는 데 대해서 말했으나, "뭘?" 하고 묻지 않았으면 좋겠다. 나눠 가지면 자기가 생각하던 것 이상의 부가 되돌아옴을 알게 될 것이다. 그것은 금전에 한정되지 않는다.

'위대한 비밀'은 반쯤 땅에 묻혀 있는 보물과 비슷하므로, 당신은 하루에 백 번 이상 그냥 지나쳐버리고 있다. 정신만 잘 차리면 보일 텐데도…….

많이 줄수록 많이 돌아온다

자기의 근무 시간 중에서 90퍼센트를 오로지 남을 위해 쓴 사람도 그 일로 인해 부자가 되었다. 이익을 다른 사람들과 나눠 가지면, 당신은 채권자가 되고 당연히 그 '빚'을 그들이 갚아주게 된다. '인생의 지침'을 나눠 가질 수도 있다. 그것 역시 마음의 평안과 더불어 커다란 부를 가져다준다. 돈을 쓸 줄 아는 사람에게 나눠줌은 그야말로 건설적이다.

부가 부를 부른다

상거래처럼 사고파는 인간관계라 하여도 '상대에 대한 서비스 정신'을 도입하면, 그 마음이 쌍방에게 매우 유익하게 작용한다.

부를 쌓는 것과 마찬가지로, 자기 자신의 마음속에 행복을 쌓을 수 있다

PMA의 힘에 따라 자기 인생에 얼마나 많은 부를 쌓을 수 있는지를 사람들은 잘 모른다. 날 때부터 부자의 능력을 갖고 태어나는 사람은 없다. 위대한 능력은 누구나 가지고 있다. 그런 위대함을 발휘할 수 있는 사람은 다름 아닌 바로 당신이며, 아무리 훌륭한 지혜라도 당신의 결의와 행동이 없이는 살리지 못한다.

나눔의 행복

남편이 나눠 가지려고 하면, 아내도 나눠 가지려고 하게 마련이다. 나눠 갖기 싫으면 혼자 살아가는 편이 낫다.

누구에게나 나눠줄 것이 있다. 아무리 가난해도 애정과 따뜻한 마음씨는 나눌 수 있다. 누구든지 다음의 세 가지 분야에서 자기 자신을 몇 번이건 제공할 수 있다. 베풀고자 하는 마음만 있다면……

· 특별한 지식과 기술
· 심리적인 앙금이 생겼을 때 문제되는 결함 부분의 보완
· 상대의 인간성이나 근무 자세를 인정하고 높이 평가하는 일

자신의 마음과 진행 방향을 파악하라 ■ 화려한 외모보다는 진정한 자아를 세워라 ■ 자기 자신을 파는 세일즈맨 ■ 자아를 재정립함으로써 부를 획득한 레이 컨리프 ■ '위대한 비밀'의 계시 ■ 자아의 추진 장치를 찾아라

chapter **07**

열정을 가져야
기회의 문이
열린다

자신의 마음과
진행 방향을
파악하라

앞에서도 말했으나, 여기에서 자기의 마음과 진행 방향을 알 필요성에 대하여 다시 한 번 강조하고자 한다.

자아를 생각해보자. 자아란 이 세상 무엇보다 중요한 것으로서, 곧 마음의 중심이다. 나는 자아를 '인간이 자기를 주장하는 경향'이라고 해석한다.

마음의 평안을 가진 사람은 건전한 자아를 가지고 있다. 그런데 사람에 따라서는, '건전한 자아'란 목소리가 크고 타인의 등을 쉽게 두드리는 듯한 타입이라고 상상하는 것 같다.

자아란 청소년 시대와 그 이후의 영향 또는 그 밖의 여러 가지 요인에 의해 형성된 것이다. 당신의 자아는 손가락의 지문처럼 당신 고유의 것이다. 그러나 당신 스스로는 '건전'한 자아라고 해도 타인이 볼 때는 건전하지 않을 수도 있다.

자아 가운데는 자기 도취의 마음도 다소 들어 있다. 자아는 눈에 보이지 않으나 당신 자신의 신체 가운데 한 부분으로 생각하면 좋겠다. 그것은 당신을 현명하게도, 강하게도 해주며 때때로 당신에게 장애가 되기도 한다.

건강한 정신을 가진 사람임에도, 이따금 자아가 미치광이처럼 되는 것을 느끼는 경우가 있다. 정말로 제대로 된 사람은 그 점을 반성하고 금방 자아를 다시 세운다.

이 장에서는 다른 사람들이 사용해온 자아의 추진 장치를 몇 가지 소개해보겠다. 그것은 간단하다. 그중에서 하나 골라 당신의 전용 추진 장치로 삼기 바란다.

화려한 외모보다는
진정한 자아를
세워라

차림새를 단정하게 하고 머리에 빗질을 소홀히 하지 않는 게 자아 형성에 도움이 된다고 생각하는 사람이 있다. 이는 옛날부터 전해지는 충고이며 그럴듯한 말이라고 생각한다.

그래서 이것을 실천했던 사람을 소개하겠다. 이 사람의 자아는 특히 마음속에 깊이 뿌리내리고 있었다. 그것은 청결한 셔츠나 면도한 얼굴보다 훨씬 유효하였다. 그의 이름은 에드윈 C.반스로서, 그는 유명한 발명가 토머스 에디슨과 공동 경영자였다.

반스는 고급 신사복을 31벌이나 갖고 있었다. 한 달간 계속해서 단 이틀이라도 같은 양복을 입어본 일이 없다. 셔츠는 가장 좋은 천으로 만들었고, 넥타이는 파리에서 주문생산한 물건이었다. 적어도 넥타이 하나에 당시 가격으로 25달러는 되었다.

어느 날 나는 반스에게 반 농담조로 말했다.

"양복을 버리고 싶을 때는 말하시오. 내가 얻어입을 테니까……."

반스는 내 말을 받아 말했다.

"당신이 농담삼아 하는 말이라는 것은 잘 알지만, 하나 이야기해둡시다. 이미 오래전의 일이지만, 나는 토머스 에디슨과 손을 잡으려 결심했을 때 에디슨이 내 이야기를 들어주기를 원했지요. 그 당시 나에겐 에디슨의 연구소가 있는 뉴저지 주의 이스트 오렌지까지 갈 기차 운임이 없었답니다."

그는 그 당시의 이야기를 계속했다.

에디슨 씨가 있는 곳에 가고 싶은 마음에, 화물차를 타는 일쯤은 문제가 되지 않았지요. 그래서 트렁크에 소지품을 채워넣고 화물 열차에 몸을 싣고선 이스트 오렌지로 갔습니다.

에디슨 연구소에 도착하여 그를 만나고 싶다는 말을 하자, 연구소에 있던 사람들이 킥킥거리며 웃었고, 나는 그 일을 지금도 잊지 못합니다. 겨우 비서가 주선을 해주어 나는 그 위대한 발명가를 만날 수 있었지요. 그때 나는 갑자기 말했습니다.

"제 머리를 처음으로 사용하는 사람이 되신 까닭에, 당신에게는 행운이 깃들 것입니다."

그러자 그는 자리에서 일어나 내 주위를 한 바퀴 돌며 내려다보았습

니다. 그러고는 씩 웃었어요. 그리고, '젊은이, 무슨 일로 왔지?' 하고 물었습니다. 그때 나는 그가 난청임을 알았습니다. 나는 목소리를 높여서 말하지 않을 수 없었습니다. 그때 갑자기 나는 구겨진 옷에 흙탕물이 묻은 구두, 이틀 동안 손질을 하지 않아 온통 수염으로 덮여 있는 내 얼굴이 떠올랐습니다.

그러자 나는 갑자기 기가 죽어버렸습니다. 그렇지만 에디슨 씨의 훌륭한 성품은, 복장만으로 나를 판단하지 않았지요.

그러나 나는 그때부터 절대로 후줄근한 복장으로는 사람들 앞에 나서지 않기로 결심했습니다. 이제 내가 왜 이렇게 여러 벌의 옷을 갖고 있는지 아시겠지요? 그러니까 제 옷이 낡은 후에 양도해드리는 것쯤은 문제가 아니겠으나, 당신의 자아가 그런 넝마를 입음으로써 얼마나 품위를 잃겠는가, 그 일이 걱정입니다.

그의 긴 이야기가 끝났다. 그의 말은 정론正論이다. 그렇지만 나는 몸치장을 잘함으로써 자아를 강화시킬 필요가 있다는 점은 느끼지 못했다. 그러므로 나도 잘못은 아니다.

자아란 궁극적으로 개인적인 것이다. 나도 예전에 큰 저택과 롤스로이스 두 대로 자아를 자극한 일이 있다.

나중에 나의 일이 세상에 널리 받아들여지게 되고부터는, 나는 더욱 검소한 생활로 만족하게 되었다. 그렇다고 해서 내가 자아를 무시한 것이 아니다. 자아는 나의 '안내 역할을 맡은 기사들'에 의해 기능을 잘 발휘하고 있다.

그래도 나는 반스나 그 밖의 사람들과 마찬가지로 곤궁하고 싶지 않다는 마음을 이미 갖고 있고, 나 스스로도 그 점을 잘 안다. 어린 시절, 나는 가난과 무지 속에서 빈곤에 시달리는 이웃들의 틈바구니를 헤치며 살았었다. 현재는 내가 사는 곳의 환경이 쾌적한가에 대해 무척 민감하다. 당연하다면 당연한 일이다.

당신도 어렸을 때 받았던 영향을 돌이켜보고, 그것이 현재의 자기와 어느 정도 관계가 있는지를 살펴보면 도움이 될 것이다. 다음 질문들에 솔직하게 답해보기 바란다.

1 의식주는 충분했었는가?

　□ 예　　　　　□ 아니오

만일 대답이 '아니오'라면 부족함이 어떤 기준이었는가?

　□ 일반적인 기준

　□ 근처의 아주 부족한 사람 기준

　□ 그 밖에 자기가 정한 기준

2 부모님이나 인생에 영향을 주는 사람들이, 당신을 과소평가하면서 당신으로 하여금 형제자매나 친구들이 당신보다 나은 아이들이고 영리하다는 생각을 하도록 만들었는가?

　□ 예　　　　　□ 아니오

228

③ 장난을 했을 때 '근본부터 나쁜 아이'라는 소리를 들었는가? 아니면 그냥 나쁜 짓을 한 것만 가지고 나쁘다고 하는 말을 들었는가?

☐ 예   ☐ 아니오

④ 나쁜 아이로 못이 박혀 있었다면, 어차피 나는 그런 아이라고 생각하며 고치려는 생각을 하지 않았는가?

☐ 예   ☐ 아니오

⑤ 읽고, 쓰고, 계산하는 세 가지 교육을 충분히 받았기 때문에 나중에 열등감을 느끼는 일이 생기지 않았는가?

☐ 예   ☐ 아니오

⑥ 키가 작거나 크거나, 아니면 살이 너무 쪄서 스스로가 남의 눈에 거슬린다고 생각하는가?

☐ 예   ☐ 아니오

⑦ 자기 스스로 아주 못생겼다고 생각하는가? 또는 흉터가 있거나 신체가 부자유스러운 곳은 없는가?

☐ 예   ☐ 아니오

⑧ 어렸을 적의 가정 분위기는 대체로 어떠했는가? 서로 반목했는가 또는 끊임없이

걱정거리가 있었는가?

　　☐ 예　　　　　☐ 아니오

9 부모님은 자녀들 앞에서 가끔 부부싸움을 했는가?

　　☐ 예　　　　　☐ 아니오

10 자기를 이용하거나 악용하는 사람이 있었는가?

　　☐ 예　　　　　☐ 아니오

11 게임이나 모임에서 리더가 되는 것을 즐겼는가?

　　☐ 예　　　　　☐ 아니오

12 어렸을 때, 의식하지는 않았다고 해도 무슨 일에든 성공 지향적인 목표를 가지고
있었는가? 예를 들면 '존스처럼 큰 집에서 살고 싶다'든가, '브라운 씨처럼 멋진
곳으로 여행을 갈 수 있는 일을 하겠다'든가.

　　☐ 예　　　　　☐ 아니오

13 부모님은 당신에게 책임을 지워주었는가? 아니면 걱정한 나머지 대신해주었는
가?

　　☐ 예　　　　　☐ 아니오

☑ 모든 일을 혼자 힘으로 해야 했기에, 자기에게 무슨 일이 일어나더라도 진정으로 걱정해주는 사람이 아무도 없다는 생각을 했는가?

☐ 예   ☐ 아니오

이상과 같은 질문에 대해 생각해보면, 지금 당신의 행동에 섞여서 저절로 나타나는 과거의 모습을 알게 될 것이다. 그러나 과거의 일을 가지고 걱정하라는 뜻은 아니다. 과거의 문을 닫으면 우리를 해치고 있는 요소를 배제시킬 수가 있다. 그 점을 기억해주기 바란다.

그러나 때로는 과거의 영향을 이해함으로써 자아를 복돋워주는 현재의 방식에 만족할 수 있게 된다.

나는 최악의 빈곤 상태에서 자랐지만 그때의 영향이 성장하고 나서도 남아 있음을 이해했다. 그래서 한때 두 대의 롤스로이스를 굴리며 대부호의 흉내를 낸 일도 그런대로 만족한다.

자기 자신을
파는
세일즈맨

PMA 프로그램의 원형을 정리하는 일에 매달려 있는 동안, 나는 세일 즈맨을 위한 세미나 트레이닝을 해가며 생활비를 벌었다. 내가 지도하는 곳에 3만 명 이상의 사람이 몰려와서 훈련을 받고 갔다.

내가 세미나 참가자에게 처음 가르친 것은, 어떤 영업이라 해도 무엇인가를 팔기 전에 먼저 그 상품을 자신에게 팔아야 한다는 점이었다. 말하자면 상품을 자아에게 익숙하게 만들어 고객에게 자신 있는 발언을 할 수 있도록 해두어야 한다는 뜻이다. 더욱이 자신도 그 상품을 '좋은 물건'이라고 확신해야 하겠다.

뉴욕에 있는 생명보험회사의 중역은 흥미있는 증상을 보이는 사람을 나에게 보내온 일이 있다. 그 회사에 30년 이상이나 다니고 있는 사람으로서 우수한 판매 실적을 올리던 사람이었는데, 갑자기 성적이 뚝 떨어졌다고 했다. 원인은 아무도 몰랐다. 본인도 몰랐고 중역들도 도저히 알 수 없었다. 그래서 회사는 나에게 그 환자(?)의 진단을 의뢰했다.

나는 그 사람과 함께 외출하여 일하는 모습을 관찰했다. 나는 그의 근본적인 문제점을 금방 알아차렸다. 그는 같은 분야에서 30년 동안이나 일했으므로, 세일즈 활동을 하기에는 너무 나이를 많이 먹은 게 아닐까 하는 공포심을 갖고 있었다. 그는 끊임없이 자신의 나이를 의식하는 말을 했다. 그의 공포는 노이로제에 가까운 상태로까지 발전하여, 걸어다니는 것조차 어떤 도움이 필요하다고 느끼게 할 지경이었다.

그는 '이젠 틀렸다'고 생각해버리면서, 고객에게 거절당하는 일을 각오하고 있었다. 그는 자아를 완전히 파묻어버린 듯, 거절의 목소리가 들리기도 전에 그 소리를 기대하는 것 같았다. 상대에게 거절당하기에 그보다 더 좋은 태도는 없을 것이다.

사무실로 돌아와 나는 그에게 말했다.

"옛날에 다른 사람이 썼던 구식 나팔형 보청기를 찾아보시겠습니까?"

"나는 귀가 나쁘지 않아요."

그는 기분이 언짢다는 투로 말했다.

"그렇지요. 당신은 너무 잘 들리는 거예요. 고객이 '아니오' 하고 말하지도 않았는데 '아니오' 소리가 들리는 거랍니다. 그러니까 청력을 떨어뜨려주십시오. 다른 사람들이 이야기하고 있을 때는 나팔형 보청

기를 귀에 대고서 들리지 않는 척하는 것입니다. 상대가 '아니오'라고 해도 관계없이 계속해서 일에 관한 이야기를 하는 거지요."

억지로 판매한다는 의미가 아니라는 점은 서로 확인했다.

드디어 그는 어디서 엄청나게 큰 보청기를 구해와 실제로 그것을 들고 세일즈에 나섰다. 보청기를 사용한 지 일주일 만에 그는 아홉 명의 가능 고객 가운데 여섯 명으로부터 계약을 따냈다. 다음 주에는 열두 명을 만나서 여덟 명과 계약을 했다. 그전에 볼 수 없었던 활약이었다. 그의 자아는 '아니오'에서 '예'로 되돌아왔다. 그리고 그는 이제 보청기를 사용하지 않게 되었다. 청력에 아무런 문제가 없었기 때문이다.

나의 청력은 정상이지만 청력 장애에 대해서는 자세하게 알고 있다.

왜냐하면 내 아들 브레어가 태어날 때부터 귀가 없었기 때문이다. 아이는 귀가 없음을 숨기기 위해 머리칼을 길게 기르고 학교에 다녔다. 그러자 다른 아이들이 긴 머리를 가지고 놀려댔다. 그것은 아이의 자아에 큰 상처를 주었다. 그래서 나는 아들에게 머리를 짧게 자르라고 말했다.

"만일 다른 아이들이 귀가 없다는 사실을 이해해준다면, 그것은 너에게 아주 좋은 일이 될 거야."

나는 그런 말을 해주었다. 그리고 실제로 그렇게 되었다.

다른 아이들이 이제는 친절하게 대해주었으며, 아들은 귀가 없다는 것을 전혀 걱정하지 않는 사람으로 성장하였다.

토머스 에디슨이 자신의 청력 장애를 조금도 염두에 두지 않았던 그 태도에 나 역시 큰 영향을 받았는지도 모른다. 나는 그가 찡그린 얼굴이나 풀이 죽은 표정을 보인 일이 한 번도 없었던 것으로 기억한다. 오히려 그의 표정은 이렇게 말하는 것 같았다.

"나의 자아는 내가 움직이고 있다. 제멋대로 날뛰지도 않고, 제한도 받지 않으며, 내가 명령한 대로만 움직인다."

자아를 재정립함으로써 부를 획득한 레이 컨리프

나는 다른 사람의 자아를 재정립하는 데 필요한 처방을 몇 번인가 해 준 일이 있다. 물론 그러기 위해서는 그 사람을 잘 알아야 했다. 그러므로 당신이 자기 자신을 위하여 처방전을 쓰고 싶다면, 당신 자신을 모르면 안 된다. "너 자신을 알라"는 옛 금언을 머릿속에 새겨두기 바란다.

나는 너무 이른 나이에 은퇴하게 된 사람이 다음 인생을 정하지 못해 고민하는 경우를 많이 보았다. 레이 컨리프라는 남자도 그랬었다. PMA 프로그램의 오래된 고객인 그는 시카고에서 캐딜락 대리점을 경영하고 있었고, 꽤 많은 자산을 모았다. 그래서 그는 1년간의 휴가를 보내기 위해 상점 문을 닫았다. 그의 말에 따르면 '충전을 위한 휴식'이었다.

그러나 1년이 채 지나기 전에 그는 점차 안정을 잃게 되었다. 드디어 그는 캐딜락 대리점으로 더 좋은 점포가 없는지를 찾기 시작했다. 아무리 봐도 좋은 매물이 없었다. 다시 반 년이 지나갔다. 그동안 생활비를 벌지 못했기에 모아두었던 돈을 많이 써버렸다. 그가 PMA 프로그램을 응용하기 시작한 것은 대략 그때쯤이었다.

그전까지 레이 부부는 집에 일하는 사람을 쓸 정도의 생활을 했으나, 그때는 그들을 해고하고 자기들이 식사를 준비해야 할 상황에 이르렀다. 어느 날, 레이는 샤워를 하다가 문득 어떤 생각을 하게 되었다. PMA 프로그램 안에 나오는 말 가운데서 '잘못'에 대한 것이었다. 똑같은 잘못을 자신이 저지르고 있음을 깨닫게 된 것이다. 그는 자아에게 영양을 주는 것이 아니라, 자아를 기아에 떨게 만들고 있었다. 자아를 지나치게 억누르고 있었다고 하겠다.

그는 나에게 찾아와 개인적인 상담을 부탁했다. 상담이 끝나자 그는 "나는 이제 어디로 가면 좋습니까?" 하고 물었다.

나는 그의 아내가 오래전부터 밍크 코트를 원하고 있다는 이야기를 들었다. 그 코트는 당시 3천 달러나 했다. 한편 그의 자가용은 캐딜락이었지만 상당히 작은 편이었다. 그의 옷도 좋은 옷이었지만 유행이 지난 것이었다. 나는 그에게 필요한 것을 몇 가지 알려주고 싶어졌다.

"레이, 노트와 펜을 주게. 부를 얻기 위한 처방전을 써줄 테니."

나는 종이에 네 가지 처방을 적었다.

① 가까운 캐딜락 대리점에 가서 지금의 차를 팔고 마음에 드는 새

차를 산다.

②고급 모피점에 가서 밍크 코트를 산다. 그것이 3천 달러 이상이라도 무조건 구매한다. 그것을 선물용으로 포장해 받는다.

③양복점에 가서 멋진 고급 양복을 5~6벌 정도 맞춘다. 그리고 넥타이, 와이셔츠, 구두도 새 양복에 어울리게 마련한다.

④밍크 코트를 새 차에 싣고 제복을 입은 운전수를 고용한다. 그리고 본인이 집에 없는 사이, 그 운전수를 통해 새 차와 코트를 부인에게 전달한다.

그리고 추가문을 적어넣었다.

"이 네 가지를 당장 실천에 옮기시오. 끝나거든 다시 나를 찾으시오. 다음 치방진을 써주겠소. 이 처방전만으로도 충분하겠지만, 또 필요하다면……."

새 캐딜락과 밍크 코트가 전달되었을 때, 그의 아내는 수취를 거부했었던 모양이다. 그러나 운전수는 그녀에게 열쇠를 전달해주고 돌아가 버렸다. 코트는 자동차 좌석에 놓여 있었다. 아내는 코트를 입어보았다. 그 코트는 몇 주일 전에 그녀의 눈에 들어왔던 그 멋진 코트임에 틀림없었다.

갑자기 그녀는 자신감과 용기가 솟아오름을 느꼈다. 같은 현상이 레이에게도 일어났다. 마치 마법과 같은 사건이었으나, 그것은 결코 마법이 아니었다.

얼마 지나지 않아서 예전에 그의 집에서 일하던 요리사와 가정부가 찾아와 일을 시켜달라는 부탁을 했다. 컨리프 부인은 서슴지 않고 그들을 불러들였다.

한편 레이에게는 친구가 전화를 걸어와서 "볼티모어의 캐딜락 대리점을 살 수 있을 것 같다"고 귀띔을 해주었다. 잘 알아보니까 무척 조건이 좋은 거래였다. 거래하는 데 15만 달러가 필요했다. 그 돈은 그에게 벅찬 금액이었으나 그의 자아가 머리를 들기 시작했다. 그는 자기 자신에게 "누군가가 돈을 빌려줄 것이고 그 돈은 반드시 손에 들어온다"고 스스로 말했다.

다음 날, 그는 유복하게 지내는 지인을 찾아갔다. 그는 돈이 엄청나게 많았기에 레이가 그전부터 열등감을 느끼던 사람이었다. 그런데 이번에는 사정이 좀 달랐다. 그렇게 심하던 열등감을 조금도 느낄 수 없었다. 그는 가슴을 펴고 돈을 빌려달라고 말했다. 일을 되찾기 위해 15만 달러가 필요하다고 설명했다.

"좋습니다!"

그는 레이의 말을 끊었다.

"됐어요. 이제 당신이 다시 일을 한다니, 나도 기쁩니다. 항상 실적이 좋았잖소. 좋아, 투자하겠소."

그는 레이에게 15만 달러짜리 수표를 끊어주고는 다시 말했다.

"돈은 이익이 나면서부터 돌려주어도 되오."

그렇게 해서 레이 컨리프는 다시금 캐딜락 대리점을 시작했고, 일도 잘 되어갔다. 이런 일들은 새로 맞춘 와이셔츠를 다 입어보기도 전에 일어났다. 그러나 단 한 가지 실망할 일이 있었다. 내가 그다지 놀라지 않았다는 사실이었다.

"그건 말이지, 나는 이런 일을 몇백 번이나 보아왔거든. 그래서 아무렇지도 않은 거요."

그렇게 말해줄 수밖에 없었다. 그러나 나로서도 즐겁지 않을 까닭이 없다. 다시 한 번 PMA가 빈곤 의식, 즉 NMA 대신 자리를 차지하는 신나는 광경을 본 것이다.

성공 의식이란 반드시 성공을 이끌어낸다. 그 열쇠는 자아이다. 자신 있는 신념으로 가득 채워져 자기에게 맞는 수단으로 유지되는 자아인 것이다. 레이가 돌아간 다음에야 내 뺨에 미소가 흘렀다.

'위대한 비밀'의
계시

우리는 결단을 내려야 하는 결정적인 순간에 자주 부딪힌다. 그런데 그런 경우에는 대개 다른 사람이 관련되어 있어서, 그 사람을 어떻게든 설득해야 할 필요가 있게 마련이다. 한편 그 사람을 위해서 상황을 매력 있게 해주지 않으면 안 되는 경우도 많다. 만일 당신이 그 사람을 잘 안다면, 자아의 힘을 사용하여 상대가 원하는 이미지를 보여주면 된다. 상대를 잘 모를 경우라도 그런 상황의 중요성을 철저하게 파악하여 매력적인 그림이 되게끔 그려내면 된다.

나 자신도 언젠가 자아가 흔들린 일이 있다.

내가 메레트 사장과 어떤 관계였는지는 이미 말한 바 있다. 그가 살해당함으로써 나의 첫 출판이 늦어졌던 경위도 이야기했다. 그 일이 계기가 되어서, 나는 대기업의 '어용' 딱지를 붙이지 않고 지내게 되었다.

이미 말했듯이, 밀매의 고발에 내가 관련되었다고 의심했던 자들을 피하기 위해 나는 그곳을 떠나지 않을 수 없었다. 숨어 다니는 동안, 당연한 일이지만 나는 기분이 좋지 않았다. 그때 자칫하면 자신의 재능에 대한 신념마저 사라질 뻔했다.

나는 자신을 꽉 붙들고 있는 공포의 속박에서 벗어나기로 결심했다. 새로운 출판사를 찾아야만 했으나, 게리 회장이 죽고 없었으므로 나는 다시 처음부터 시작하지 않으면 안 되었다. 미개척 분야에서, 더구나 무명의 자리에 있는 나로서는 쉬운 일이 아니었다.

나의 자아가 다시 일어서고, 성공 의식이 꿈틀대며 일어남에 따라 내부의 목소리가 들리기 시작했다. 필라델피아에서 출판사를 찾으라는 소리였다. 나는 필라델피아의 출판사를 전혀 몰랐지만, 나의 내부에서 들려오는 목소리는 점점 커졌다.

나는 50달러를 들고 퀘이커 교도들의 도시인 필라델피아로 달려갔다. 반쯤은 잘될 것으로 생각했지만, 한편으로는 미친 짓이라는 생각도 들었다. 필라델피아에 도착하여 먼저 직업별 전화번호부를 뒤적였다. 하루에 1~2달러인 값싼 잠자리를 구하기 위해서였다.

그때 무슨 일이 일어났을까. 그때 일어난 일은 이제까지 이야기해온 것 가운데 가장 놀랄 만한 일이었다. 인생을 변화시킬 수 있는 '위대한 비밀'의 계시가 여기 나온다.

전화번호부를 뒤적이고 있는데 나의 내부에서 다시 목소리가 들려왔

다. 이번에는 꽤 큰 목소리였다.

"싸구려 하숙집을 찾으려 하지 마라. 이 동네에서 최고급 호텔에 투숙하라. 그리고 그 호텔의 최고급 스위트 룸에 들어라."

나는 전화번호부를 덮어두고 눈을 깜박여보았다. 주머니에는 겨우 35달러밖에 없다! 그러나 내부의 명령을 거역할 수는 없었다. 나는 짐을 집어들고 가슴을 쭉 편 채로 최고급 호텔로 갔다. 그리고 스위트 룸을 잡았다. 하루에 25달러나 하는 방이었다.

숙박 카드에 사인을 했을 때 나는 나 자신의 선택이 옳았다는 확신을 가졌다. 자아와 신념이 나의 내부에서 뻗어나왔다. 그때는 아직 '위대한 비밀'이라는 말을 생각해내지 못했지만, 분명히 그런 힘이 나를 조종하고 있음을 느꼈다.

당시 벨보이에게 주는 팁이 보통 25센트였는데 나는 1달러를 주었다. 호화로운 의자에 걸터앉자 다시 내부의 소리가 들려왔다. 소리는 더욱더 커졌다.

"싼 곳에 숙박하면 너는 쪼들릴 것이다. 그런 환경에서는 출판사와 교섭하는 데 무척 불리하기 때문이다. 너에게 필요한 것은 자아 추진 장치Ego Booster이다. 너는 이 훌륭한 스위트 룸에서 그것을 얻고 있다. 자, 너의 마음은 이제 적극적인 면으로만 생각하도록 하라. 그것이 성공을 가져다준다. 준비는 되었는가? 너의 연구를 출판해줄 만큼 재력이 있는 사람들 모두를 의식 속으로 불러들여라. 자, 그 사람들의 이름을 생각해내라. 정확한 이름이 나오면 그 사람에게 연락을 해서 너의 희망을 전달하는 것이다.”

나는 조금도 의심하지 않고 내 책을 출판해줄 만한 사람의 이름을 훑어나갔다. 세 시간 정도 그러고 있자니, 머릿속이 텅 비는 기분이었다. 그러다 갑자기 어떤 이름이 떠올랐다. 그 이름이 내가 찾던 사람임은 말할 것도 없었다. 그는 코네티컷 주 메리든 사의 앨버트 루이스 펠튼 씨였다.

나는 펠튼 씨 개인에 대해서는 거의 아무 것도 몰랐다. 고작 안다고 해봐야 그 사람이 『의지의 힘』이라는 책을 출판했다는 사실과, 몇 년 전인가 그 책의 광고를 나의 잡지였던 「힐의 황금률Hill's Golden Rule」에 실었다는 정도였다. 나는 즉시 펠튼 씨에게 속달 편지를 보냈다. 나의 '인생의 성공 법칙'에 대한 연구 성과를 새로 출판하는 영광을 당신에게 드리려고 한다는 내용의 편지였다.

이틀 뒤에 펠튼 씨가 나를 만나기 위해 필라델피아로 떠났다는 전보가 왔다. 그 사람이 나의 스위트 룸에 왔을 때의 얼굴 표정을 지금도 잊지 못한다. 그리고 그의 입에서 나온 첫 마디도…….

“와! 이런 스위트 룸에서 지내는 작가라면 틀림없는 작가지!”

원고는 1,800페이지, 무게는 3킬로그램이나 되었다. 나는 그것을 펠튼 씨에게 건네주었다. 그는 페이지를 들춰 읽기 시작했다. 30분쯤 지났을까, 그는 원고를 덮더니 그것을 테이블 위에 놓았다.

“나는 이 매뉴얼 북을 출판하고, 당신에게는 인세를 지불하겠소.”

그는 타자기를 가져오도록 하고는 계약서를 작성하기 시작했다. 도중에 그는 "인세는 선불을 원합니까? 그렇다면 이 자리에서 수표를 끊어주겠소" 하고 말했다.

나는 아무런 부담없이 "얼마든지, 선생께서 좋을 대로 하시지요" 하고 말했으나, 마음속으로는 자아가 만들어놓은 이미지대로 일이 잘 진행되길 원했다.

"500달러면 어떻겠습니까?"

"좋습니다."

수개월이 지난 뒤, 그 매뉴얼은 빛을 보게 되었다. 드디어 『The Law of Success』라는 이름으로 책이 나온 것이다. 계약일로부터 출판되기까지 몇 달은 아주 보람있는 나날이었다. 나는 적극성을 이렇게 회복했다. 나의 '성공'은 우회적인 길을 걸은 결과였지만, 이 책의 독자는 그러한 우회로를 걸어가지 않아도 적극적인 마음 자세를 갖출 수 있게 되었다. 나폴레온 힐 재단에서는 이를 위하여 서적과 여러 가지 프로그램을 세상에 내보내고 있다.

그렇다면 내가 무언가 눈에 보이지 않는 힘의 인도를 받은 것일까? 무언가 외부로부터의 힘이 작용한 것이라고 생각한다. 신념을 가진 마음과 마음이 예민하게 반응한 것이다. 물리적인 차원을 넘어서 파장이 꼭 들어맞았다고 표현해도 좋을 것이다. 그러나 이는 조금도 신비로운 이야기가 아니다. 이렇게 하면 그렇게 된다는 원인과 결과의 문제일 뿐이다. 다만, 그 원인과 결과를 연결짓는 과정이 해명되지 않았을 뿐이다.

자아의
추진 장치를
찾아라

자아를 끌어올리는 방법은 매우 다양하다.

나의 프로그램으로 성공한 보험 세일즈맨이 많은데, 이것은 그중 한 사람의 이야기이다. 그는 고급 차를 타고 있었다. 그의 자아 추진 장치는 조금 남다른 데가 있었다. 그것은 멋진 골프 가방과 그 안에 있는 골프 클럽 한 세트였다. 그것은 항상 차 속에 잘 보이노록 놓여져 있었다.

그는 그렇게 함으로써 자신이 골프를 즐긴다는 점과 언제든지 골프장에 갈 준비가 되어 있다는 점을 남에게 인상깊게 심어주었다. 자신에 대한 일이기도 하며 동시에 타인에 대한 일이기도 했다. 그 사람이 그렇게까지 성공의 행동 양식을 개발하지 않았다면 과연 성공하지 못했을까, 하는 데는 나로서도 의문이 간다. 그러나 그런 멋진 골프 세트가 그의 자아 추진 장치가 되었다는 점은 확실하다. 그리고 그는 실제로 큰 부자가 되었다.

또 한 사람, 그는 보험 대리점을 하고 있었는데, 8캐럿짜리 다이아몬드 반지를 끼고 있었다. 고객과 대화할 때는 그것이 마법의 지팡이 같은 역할을 해주는 것 같았다. 그는 매사추세츠 뮤털 생명보험회사 대리점에서 최고의 실적을 올리고 있었다.

어느 날, 그는 반지를 새로 만들기 위해 보석상에 맡겨두었는데, 물건이 나올 때까지 며칠 걸렸다. 그동안 그는 평소보다 더 열심히 일했다. 그러나 일의 성과가 별로 없었다. 다양한 설득 기법을 응용해보았으나 고객이 좀처럼 계약을 해주지 않았다. 대화를 할 때 시선을 손에 집중시키는 버릇이 있었는데, 거기에는 반지가 없었다. 그 때문에 톱니바퀴가 겉돈 것이다.

드디어 반지가 그의 손에 다시 돌아왔다. 그는 일을 하러 나섰다. 그날 여섯 명의 고객과 만났는데, 전원이 계약을 체결해주었다. 그런 일은 한 번도 없었던 상황이었다.

내가 만일 그렇게 서치라이트 같은 반지를 끼고 다닌다면 오히려 불안한 느낌이 들 것 같다. 그러나 사람에 따라서 다르다. 믿을 만한 힘은 자기 자신을 알고 있는 사람에게 찾아온다. 자기 자신을 알고, 자아를 발견하여 그것을 자기 것으로 만들면, 주위 사람들이 모두 그것을 느낀다. 마치 얼룩말 근처에 사자가 나타났을 때 얼룩말이 보여주는 반응과 비슷하다. 그것은 음성 상태로 나타나고, 얼굴 표정이나 신체의 움직임,

명확한 사고, 확고한 희망, 적극적인 마음 자세, PMA로 나타나기도 한다. 그런 힘이 상대방에게 신뢰감을 주며 함께 일하고 싶어하는 마음을 불러일으킨다.

당신이 자기 마음의 중심에 있는 자아에게 명령을 내리는 최고 사령관이 되면, 당신이라고 하는 나라의 영주가 되는 셈이다.

당신은 이미 부족함을 느끼지 않는다. 당신은 물질과 정신 양쪽의 풍요로움을 얻기 위하여 망설이지 않고 전진한다. 당신은 공포를 모른다. 당신의 마음은 공포에서 해방되어 자유롭다. 즉, 당신은 이미 자유인이다. 만족스런 자유를 가지고 마음대로, 좋은 성과를 거두는 인생을 살 수 있다.

비록 소수이긴 하지만, 자아의 그물을 다시 짜지 않으면 안 될 사람도 있다. 그러나 그런 사람은 대단히 드물다. 따라서 그런 사람을 위하여 이 책의 일부를 할애할 필요는 없다고 생각한다. 건전한 자아는 건전하고 평안한 마음을 얻는 수단으로써 비길 바가 없는 주체이다. 그러므로 당신은 '자기 주장을 가진 사람'으로서 만족한 기분을 가지도록 방법과 목적 그리고 조건을 갖춰 나가야 하겠다. 여기까지 써놓은 사례는 좋은 참고가 될 것이다.

당신이 알고 있는 성공인들, 그 사람들의 방식을 연구하면 도움이 된다. 아마 그 사람은 '위대한 비밀'을 손에 넣고 있는 사람이겠다.

건전한 자아를 가진다는 것은 어떤 의미인가?

자아란 자기 자신과 자신의 희망을 주장하는 데 도움이 되는 마음의 힘이다. 자아라는 상자 속에 무엇을 넣느냐에 따라 우리를 강하고 현명하게 만들어주기도 하고 방해를 하기도 한다. 우리는 깔끔한 복장을 갖추는 일이 자아의 추진력이 됨을 안다. 강한 자아는 어떠한 제약이든지 극복할 수 있다. 자신이 원하는 방법으로 자아를 주장할 수 있는 것은 그러한 방법이 장기간에 걸쳐서 구성된 것이기 때문이다.

세일즈맨은 자기 자신을 판다

우수한 세일즈맨은 자신과 자신이 팔고 있는 상품이 '훌륭한 물건'임을 믿고 있다. 그런 믿음이 있으면 실패하지 않는다. 세일즈맨의 성공은 자아를 지지해주는 어떤 요소에 좌우된다.

고객과 이야기할 때, '아니오'라는 소리를 관철시키지 못하게 하기 위해 일부러 귀가 나쁜 척해도 좋다. 세일즈맨뿐 아니라, 신체에 불리한 핸디캡을 갖고 있을 수도 있겠지만 오히려 인생의 추진력이 될 수도 있다. 그것은 자아의 힘에 따라 결정된다.

자아의 재정립과 부의 획득

자아가 강하면 성공을 불러들인다. 자아가 흔들릴 때 자기의 외관과 이미지를 모두 자아의 마음에 맞도록 변화시키면 자아를 회복할 수 있다. 유복한 생활을 하다가 생활수준이 떨어진 사람은 옛날 수준에 어울리는 물건을 사거나 어울리는 행동을 함으로써, 그런 분위기에서 빨리 벗어나 유복한 감각을 회복하는 것도 좋은 방법이다. 비록 유복하다는 것이 별것

250

아니라 할지라도 자아에게는 그것이 필요하다. 그렇게 하면 하나의 새로운 계기를 만들 수 있다. 자아란 불가사의하며, 인생 전체를 움직이는 힘에 둘러싸여 있다.

자아의 추진장치는 찾으면 얻을 수 있다

자아는 무척 개인적이다. 타인이 자아를 향상시키는 방법을 관찰하면, 자기의 방법을 찾는 데 큰 도움이 된다. 때로는 이야기하기보다, 써보는 등으로 자기 표현의 방법을 변화시키는 것도 좋다. 그렇게 하여 자아를 촉진시키는 수단으로 삼는다. 자신에게 가장 적합한 방법을 발견하면, 멋진 보물을 수중에 넣은 셈이 된다.

성 에너지를 성공의 원천으로 ■ 성의 감정 전환에 대하여 ■ 성공하는 사람은 개인적 매력을 집중적으로 발휘한다 ■ 성 에너지를 집중하면 성공이 보인다 ■ 남성의 세계는 여성이 만든다

chapter **08**

성 에너지를
선의의 실천력으로
변화시켜라

성 에너지를
성공의 원천으로

성性에 대한 이야기를 여기서 꺼내면 이질감을 가질지도 모르겠다. 그러나 잘 읽어두면 어째서 내가 성감정이라는 것을 일부러 다루었는지 이해하리라 생각한다.

성감정의 일부를 성공 요인으로 만들거나 힘찬 원동력으로 변화시키는 것은 누구나 가능하다. 그런 능력은 사용하려는 의지가 있는 한 증대된다.

젊은 사람은 성을 육체적인 것으로만 본다. 따라서 40대 이전에는, 전환된 성 에너지를 자기 행동에 추가하여 가치 있는 것으로 만든다는 일에 관심조차 두지 않는다. 그러나 그 기술은 거의 최고의 지혜에 가깝다고 해도 지나치지 않다.

이집트 같은 동방 제국에는 옛날에 환관이라는 직책이 있었다. 이는 거세된 남자로서 그들은 주로 궁정 내부의 일에 종사했다. 역사상 환관의 힘이 가장 강했던 나라는 중국이다. 나라의 명을 받아서 거세된 환관도 있었지만, 자기 스스로 거세한 사람도 있었다. 그리고 사형에 버금가는 궁형宮刑이라는 중형을 통해 거세되는 일도 종종 일어났다.

중국의 사마천司馬遷은 유능한 역사가로 이름났으나, 어느 때인가 황제의 분노를 사서 궁형을 당하고 말았다. 그러나 그는 명저 『사기史記』를 이미 집필하고 있었기에, 그의 성 에너지는 이 책의 완결이라는 형태로 전환되었다.

그는 그렇게 함으로써 궁형이라는 치욕적인 형벌을 잘 인내하여, 2년 뒤에는 황제의 비서 장관이 되었다. 그리하여 2천 년이 지난 오늘에도 불멸의 고전인 『사기』가 완성을 보게 된다.

책이란 이따금 폭발적인 반응을 일으키는 일이 있다. 사마천은 인류의 지식에 오래 기여할 수 있어서 기쁘게 생각할 것이다. 나의 저서인 『Think and Grow Rich』라는 책도 마찬가지다. 개성된 이후 지금도 롱셀러를 계속하고 있다.

나는 무엇 때문에 그 책이 30년 이상이나 잘 팔리고 있는지를 많은 사람들에게 물어보았다. 그러자 사람들은 다른 책보다 '머릿속에 뭔가를 번뜩이게 하는 부분'이 많기 때문이 아니냐고 반문해왔다. 나는 그 이유를 알고 있다.

나는 이미 그 책의 원고를 두 번이나 썼다. 처음 원고는 1933년에 작성되었는데, 당시 나는 프랭클린 루스벨트 대통령의 참모 중 한 명이었다. 전운이 무서운 발소리를 내며 지나가는 것을 기다리는 동안, 나는 마음을 진정시키기 위해 백악관의 한 모퉁이 방에서 글을 썼다. 지금 돌이켜 생각해보면, 내가 대통령을 보좌하며 거칠게 쓴 글이므로 그 책 속에 나의 개인적 매력이 전부 들어가 있다고 할 수는 없다.

출판하려고 생각한 것은 책을 쓰고 나서 몇 년인가 지나서였다. 원고를 다시 읽어보자 무엇인가 모자란다는 것을 느끼게 되었다. 그것이 바로 이 장이다. 나는 다양한 지식을 책에 실어냈지만, 전환된 성의 감정에 대해서는 전혀 다루지 않았었다. 그래서 이것을 정리하여 다시 하나의 장으로 추가했다. 그 결과는 충격적이었다. 모든 일에 '전환된 성의 감정'을 적용해보니 어떤 일에도 적극적이 되며, 거기에서 큰 이익을 볼 수도 있었다. 오해해서는 안 되겠으나, 이는 성의 육체적 현상과는 아무 관계가 없는 일이다.

성의
감정 전환에
대하여

위대한 창조력으로써 성(단지 아이를 낳는다는 의미로서가 아니라, 숭고하며 영속적인 힘으로써의 성)을 파악해보면, 성적인 감정 전환이 자기에게 어떤 역할을 해주는지 알게 될 것이다. 그것은 성 에너지를 다른 방향으로 바꾸는 데 집중하는 것을 말한다. 그리하면 성 에너지는 인생의 성공에 있어서 이루 말할 수 없는 큰 공헌을 해준다. 그것은 성 에너지를 조금도 축내지 않는다. 다만 방향을 바꿔줄 따름이다. 마치 발전소의 높은 전압을 변경시켜서 그 전력을 다른 송전선으로 보내는 일과 마찬가지다.

성 에너지의 전환이란 다시 말해서 '개인적인 매력을 집중적으로 발휘하는 일'이라고 하겠다.

성공하는 사람은
개인적 매력을
집중적으로 발휘한다

몇 년 전에 나는 선전과 판매에 관한 노하우를 가르치는 연수원을 운영하고 있었다.

어느 날 비서가 내게 손님이 찾아왔다고 했다.

"어쩐지 부랑자 같은 사람입니다."

나는 그때 토머스 에디슨과 파트너가 된 반스 씨의 에피소드를 떠올렸다. 그래서 그 손님을 만나고 싶어졌다.

비서의 말대로 그 남자는 볼품 없는 차림새를 하고 있었다. 수염을 깎은 지 사흘이 넘은 것 같은 모습에 예의는 전혀 의식하지도 않았고, 담배를 입에 문 채 방 안으로 들어섰다. 그는 「세계연감」의 광고 청탁을 하러 왔다고 말했다. 나는 아직 한 번도 거기에 광고를 낸 일이 없었다.

이 후줄근한 차림새의 남자는 첫인상이 대단히 나빴다. 게다가 그는 카펫에 담뱃재를 떨어뜨리는 무례함을 보였는데도 나에게서 800달러짜리 광고 주문을 받아갔다.

그 남자는 분명히 정신적인 문제를 안고 있었지만, 뛰어난 매력을 갖고 있었다. 그것은 그의 음성에 드러났고 그래서 나는 그의 이야기에 귀를 기울였다. 한편 그가 풍기는 분위기에도 매력이 있었다. 나는 「세계연감」에 대해 검토해보았고 나쁘지 않은 것으로 느껴졌다.

그는 다른 마이너스 요인을 상쇄시킬 만큼의 좋은 분위기를 나타내는 형태로 성 에너지의 전환 법칙을 체득하고 있었다. 그리고 그것을 자유롭게 쓸 줄 알았다(물론 무의식적이지만). 만일 그 사람이 그런 매력 말고도 어떤 플러스 알파를 갖추었더라면, 단순한 광고 영업사원이 아니라 「세계연감」의 사장이 되었을지도 모른다.

나는 현재 만나는 사람마다 성 에너지의 전환을 어떻게 보여주는가를 살펴보고 있다. 과거에 만났던 사람들도 한 번씩 생각해본다. 다양한 직업과 계층을 이루는 사람들 속에서 빼어나게 성공을 거둔 사람은 거의 대부분 높은 성 에너지를 갖고 있었고, 그것을 전환시킬 수 있었던 것으로 생각된다. 본인은 그 점을 못 느낄 수도 있으나, 실행한 것은 분명하다.

거기에는 확실히 자아와의 관계가 있다. 그러나 자아와 마찬가지로 인간은 성 에너지의 전환을 통해 자기 표현의 가장 좋은 방법을 스스로 찾아내지 않으면 안 된다.

내가 시카고 로터리클럽의 회원이었을 때, 목사였던 프랭크 클레인 박사에게 모임의 연설을 부탁드린 일이 있다. 박사의 연설 내용은 아주 훌륭했지만 화술은 형편없었고 용모도 뒤떨어졌다. 그래서인지 몰라도 청중들은 연설 도중 싫증을 냈다. 나 역시 그렇게 느꼈다.

모임이 끝난 후 나는 박사와 함께 걸어 돌아왔다. 그리고 강연회에서의 냉담한 반응에 대해 솔직하게 이야기했다. 나는 박사의 연설 내용을 칭찬했다. 사실 내용은 기가 막히게 좋았다. 그런데 안타깝게도 표현이 너무 어렵고 난삽했기에 좋은 내용이 회원들에게 잘 전달되지 않았다고 말해주었다. 박사 자신도 그 점을 알고 있었다.

그때 박사는 자신이 작은 교회의 목사로서 수입도 시원치 않고 하니, 나에게 어떤 도움을 줄 수 없겠느냐고 부탁해왔다. 나는 그 점에 대하여 미리 생각해두었었다.

"박사님은 고매한 사상을 갖고 계시니까, 그것을 알기 쉬운 말로 사람들에게 들려주면 될 텐데요……."

그리고 아이디어를 한 가지 제안했다.

"신문에 짤막한 설교 칼럼을 써서 연재하시면 어떨까요? 그렇게 하면 현재는 적은 신자에게만 전달되고 있는 가르침이 몇만 명이라는 사람들에게 전해질 것이고, 수입도 틀림없이 늘어나겠지요."

"그것 참 좋은 생각이십니다."

박사는 무엇인가 생각하는 듯했다. 드디어 우리는 악수를 하고 헤어졌다.

 며칠이 지난 뒤 나는 신문에서 그가 쓴 설교 칼럼을 읽게 되었다. 그
리고 몇 년이 지났을 때, 내가 머물게 된 뉴욕의 호텔이 마침 박사가 사
는 곳과 가까워서 잠깐 들렀다 가라는 전갈을 받게 되었다.

 내가 박사를 방문한 때는 그 해의 세무 신고를 끝내는 날이었다. 방금
작성한 서류를 나에게 보여주는 박사의 얼굴에는 웃음이 넘쳐흘렀다.
경비를 모두 공제한 후의 과세 대상액이 7만5천 달러를 훌쩍 넘어선 수
준이었다.

클레인 박사는 사람을 이끄는 방법으로서 연설이라는 수단을 대신하여 메시지를 씀으로써 그 에너지를 충분히 전달하는 데 성공했던 것이다. 성 에너지, 말하자면 거기에 뿌리를 둔 '개인적 매력'을 밖으로 표출시키지 못하는 분야는 그만두고 밖으로 표현할 수 있는 분야(이 경우는 메시지의 집필)로 전환시켜서 집중한 것, 이것이 클레인 박사가 실천한 성 에너지의 전환이다.

또 하나의 예를 들어보자. 빌리 선데이1862~1935. 본명은 윌리엄 애슐리 선데이로서 프로야구 선수 생활을 거쳐 복음 전도사가 되었다는 빈틈없는 성적 매력을 자기 나름의 자연스러운 방법으로 표현하였다. 표현은 많은 관중들을 상대로 이야기할 때 이루어졌다.

그는 다른 데서는 거의 들어볼 수 없는 설교 방법으로 청중을 감동시켰다. 그리고 당연한 일이지만 성공을 거두었다. 유명한 홍보 활동의 전문가인 아이비 리1877~1934. 저명한 PR 컨설턴트가 주최한 종교 캠페인에서도 가장 뛰어났다.

빌리 선데이의 성공은 그의 드높은 정신적 자질에 의한 것이라고 말하는 사람도 있으나, 빌리의 주위에 있는 사람들은 그렇게 생각하지 않았다. 그의 힘은 풍부한 개인적 매력과 더불어, 에너지가 뿌리내린 개인적 매력을 설교로 전환했던 데에서 생겨났다. 사람들은 그의 설교를 들으면 악마들이라도 물러갈 것이라고 말했다.

성 에너지를
집중하면
성공이 보인다

전 세계에서 위대한 바이올리니스트로 인정받는 사람은 각 세대별로 5~6명 정도밖에 되지 않는다. 흔히 말하는 잘 켜는 사람은 몇백 명 정도 된다. 그러나 거기에서 두드러진 솜씨란 특별한 무엇인가를 갖추고 있는 소수의 바이올리니스트에 한한다. 이는 성 에너지의 전환이 잘된 사람들이다.

물론 비슷한 말을 피아니스트나 다른 음악가들의 경우에도 그대로 적용할 수 있다. 이 글을 쓰고 있는 현재, 아서 루빈슈타인은 80세가 되었다. 평론가들에 의하면, 그는 지금까지 중 가장 위대한 피아니스트인 동시에 항상 신선한 선율을 들려준다고 한다. 루빈슈타인은 인생을 즐기는 사람이기도 하다. 보는 사람일 뿐만 아니라 행동하는 사람이다. 이야말로 멋진 성적 에너지의 전환이다.

나는 한편으로 성적 에너지가 '창조력'의 점화 장치에 불을 붙인다는 실례를 몇 번이고 보아왔다. 그 창조적인 힘은 뇌의 활동을 평상시의 한계를 뛰어넘게 만들어서, 훨씬 더 높이 끌어올려준다.

이와 같이 평소보다 높은 능력이란, 마치 물건에 열을 가하여 일정 온도 이상이 되면 불꽃을 내뿜는 것처럼, 어떤 에너지를 방출하게 된다.

우리가 '영감'이라고 부르는 그 현상은 민감한 심성에 그때그때 귀중한 지침을 준다. 앞에 나온 '조용한 내부의 목소리'가 이것으로 설명이 될 것이다.

항상 주도면밀하게 연설 준비를 하는 웅변가가 있다. 그러나 그는 어떤 부분까지 말하면 준비했던 화제를 중단한다. 그리고 짧은 시간적 틈을 두려고 눈을 감는다. 다시 눈을 뜨고 말하는 내용은 그날 연설의 절정이다.

그 말이 얼마나 감동적인지 청중들이 모두 자리에서 일어나는 일이 자주 생긴다. 그렇게 1~2초 동안 틈을 두면서 그는 자신이 가지고 있는 개인적인 매력과 창조적인 상상력을 집중시킨다. 그는 이런 설명을 덧붙였다.

"그렇게 하는 이유는 나의 내부에서 솟아나오는 사고를 명확하게 파악하여 이야기할 수 있기 때문입니다."

고인이 된 엘마 게이츠 박사는 세계적으로 이름난 과학자였다. 그는 200가지 이상의 발명 특허를 갖고 있었는데, 발명은 대체로 아주 의미심장한 방법을 통해 고안되었다.

박사는 '개인적 대화의 방'이라고 이름 지어진 방을 만들었다. 그곳은 빛과 소리가 전달되지 않는 방으로, 안에는 작은 책상과 의자, 그리고 메모지와 연필이 놓여 있을 뿐이었다. 박사는 자기의 힘을 집중시킬 필요가 있다고 생각될 때 그 방 안에서 지냈다. 책상에 붙어 앉아서는 지금까지 생각하고 있었던 발명의 '이미 알고 있는' 부분에 집중한다. 그렇게 하면 '모르고 있는' 부분에 대한 아이디어가 떠오르기 시작하여 마음속에 들어온다고 했다.

어느 때인가는 두 시간 동안 계속해서 엄청난 속도로 펜을 휘둘렀으나 자기가 무엇을 쓰고 있는지조차 몰랐다고 한다. 다 쓴 다음에 다시 읽어보니 거기에는 어떤 법칙이 적혀 있었다. 놀랄 일이었다. 그것은 아직 과학계에 알려져 있지 않은 법칙이었다! 그 법칙은 어떤 문제를 해결하여 다른 과학자들이 뒤를 이어 연구하게 만드는 기초가 되었다.

게이츠 박사는 '앉아서 아이디어를 내는 일'만 함으로써 많은 돈을 벌었다. 대기업이 자기 방에 앉아만 있는 외부 인사에게 큰돈을 지불해 준 것이다.

어떤 시점에서 경험이 압축되어 직감으로 분출되는 것인가를 나로서는 알 길이 없다.

'천재는 사물의 패턴을 찾아내 그러한 패턴을 표현하는 능력으로 성립된다'는 말이 있다.

내부의 힘을 집중시키는 일은 잠재의식을 통해 지식의 단편들을 끌어모으는 역할을 해낸다. 이와 같은 지식의 편린들은 그때까지 보지 못했던 패턴을 형성시켜준다. 그러나 건너편에 있는 것은 모든 일에 생명을 불어넣어주는 '미지의 존재'이다. 그것이 어쩌면 성의 작용이 아닐까? 있을 수 있는 일이다. 이 세상은 남과 여의 집성체이며 이 우주를 구성하는 기본 단위도 플러스와 마이너스인 전하로 구성되어 있고, 그것은 끊임없이 반응을 되풀이하지 않는가?

성적 에너지의 전환이란 육체적인 접촉의 욕망을 창조력이나 여러 가지의 생산적이며 건설적인 의욕으로 전환시키는 일을 의미한다. 그것은 결과적으로 예술, 문학, 과학, 세일즈, 그 밖의 어떤 분야로든 전환될 수 있다. 그런 전환은 대단히 자연스럽고 습관적으로 이뤄지기 때문에 느끼지 못할 뿐이다. 그렇지만 그것은 언제 어디서나 존재한다.

무언가 아주 중요한 일이 같은 에너지를 사용하여 성취되고 있는 것이다. 그렇다. 이쪽이 준비하고 있으면 '특별한 그 무엇'인가가 보이기 시작한다. 준비를 하고 있을 때, '쓸모없는 무엇'인가가 다가오더라도, 명철한 판단을 할 수 있을 것이다.

성공할 수 있음에도 성공하지 못하는 것은, 그 사람이 '성은 육체적 정열이나 생리적인 현상보다 높은 차원의 것'임을 이해하지 못하기 때문이다. 그 점을 현재의 당신은 분명하게 알았을 것이다.

남성의 세계는
여성이
만든다

"남자의 그늘에 여자가 있다"는 말을 자주 듣는다. 그러나 이 표현이 완전히 옳다고는 하지 못하겠다.

가끔 여성의 영향 따위를 받지 않아도 자기는 얼마든지 남자답게 산다고 뽐내는 남성을 만나게 된다. 그런 남성일수록 오히려 여성이 없으면 단 하루도 살지 못하는 것이 아닐까 싶다. 즉, 자기의 남자다움에 자신이 없기 때문에 그런 결함을 보완해보려는 심리인지도 모른다.

남자의 가장 큰 원동력은 여자를 기쁘게 해주고 지켜주고 싶다는 마음에서 오는 법이다. 석기 시대에 사냥꾼이 곰 두 마리를 잡아서 동굴로 끌고 왔는데, 옆의 동굴에서는 한 마리밖에 잡지 못했다면 그 사냥꾼은 가슴을 활짝 펴고 기뻐했을 것임에 틀림없다. 다른 남자보다 먹을 것을 많이 얻었다는 사실뿐만 아니라, 자기 아내에게 보여줄 때의 자랑스러움을 상상해보면 금방 알게 된다.

현대의 사냥꾼은 필수품과 사치품을 사는 수단, 다시 말해서 돈을, 먹고살기 위한 것보다 더 많이 가지고 돌아간다. 만일 그가 정직한 남자라면 가슴을 쭉 펴고, 내 아내를 위해서 그렇게 한다고 말할 것이다. 당신의 마음에는 많은 능력이 있다. '위대한 비밀'을 발견해냈을 때, 당신은 자기의 마음에 통하는 열쇠를 갖게 된 셈이다.

전환된 성의 감정은 인생에 전격적인 힘을 가져온다

성 에너지의 전환을 다른 말로 표현한다면, 그 에너지를 사용하여 '개인적인 매력을 집중적으로 발휘하는' 일이라고 하겠다. 원시적 본능만큼 강한 것은 없다. 따라서 그 힘을 잘 전환시키면 당신의 성공을 가속화할 수 있다.

인간은 동물과 달라서 계절에 관계없이 성 충동을 느낀다. 그 때문에 성을 지나치게 오해받고 있는 것은 아닐까? 또한 성에 탐닉하는 사람도 많이 있다. 그래서 곧잘 성이란 것을 저질로 깎아내려서 파악하는 일이 생긴다. 성을 인생의 위대한 창조력으로 보고, 정당하게 다루어주기만 한다면, 일생의 업적을 이루는 원천으로 삼을 수도 있다.

성공하는 사람은 개인적인 매력이 풍부하다

부랑자처럼 외관이 고약하게 느껴지는 세일즈맨이라도, 전환된 성감정을 잘 활용하여 어려운 일을 해낼 수 있다. 빼어난 예술가는 성 에너지를 자기의 예술로 전환시키는 방법을 안다.

역사를 들여다보면 성 에너지를 능숙하게 전환시켜서 이름을 떨친 사람이 제법 많음을 알게 된다.

성에너지와 영감

자아와 강한 연대를 이루기 위하여, 성 에너지는 뇌의 작용을 보통의 한계보다 훨씬 넘어선 차원까지 끌어올려준다. 훌륭한 웅변가는 성 에너지를 사용하여 절정에 오르는 아이디어를 얻고 그것으로 청중을 감동시킨다. 우수한 과학자도 그 역동적인 힘을 사용하여 발명의 문제를 푼다.

270

본질적으로 성 에너지의 전환이란, '육체적인 접촉의 욕망을 다른 분야의 욕망, 즉 창조욕, 표현욕, 창작욕, 자기 표현의 욕구 등으로 바꿀 수 있는 능력'에서 나온다. 물론 그런 전환은 자연스러운 성 행동에 아무런 장애도 일으키지 않는다.

부자의
생각을
훔쳐라

초판 1쇄 인쇄 2012년 6월 7일 ㅣ 초판 1쇄 발행 2012년 6월 14일

지은이 나폴레온 힐 ㅣ 옮긴이 전성일 ㅣ 펴낸이 임종관 ㅣ 펴낸곳 미래북

본문 편집 · 디자인 글꽃 ㅣ 표지 디자인 moi

주소 서울특별시 용산구 효창동 5번지 421호 ㅣ 전화 (02)738-1227 ㅣ 팩스 (02)738-1228

신고번호 제302-2003-00026호

ISBN 978-89- 92289-44-3(03320)